中国社会科学院创新工程学术出版资助项目

夏洪胜 张世贤◎主编

U0678688

21世纪工商管理文库

管理经济学

Managerial Economics

经济管理出版社

ECONOMY & MANAGEMENT PUBLISHING HOUSE

图书在版编目（CIP）数据

管理经济学 / 夏洪胜，张世贤主编. —北京：经济管理出版社，2013.4
（21 世纪工商管理文库）
ISBN 978-7-5096-2337-4

Ⅰ.①管…　Ⅱ.①夏…②张…　Ⅲ.①管理经济学　Ⅳ.①F270

中国版本图书馆 CIP 数据核字（2013）第 036632 号

组稿编辑：何　蒂
责任编辑：杜　菲
责任印制：杨国强
责任校对：曹　平　超　凡

出版发行：经济管理出版社
　　　　　（北京市海淀区北蜂窝 8 号中雅大厦 A 座 11 层　100038）
网　　址：www. E-mp. com. cn
电　　话：（010）51915602
印　　刷：三河市延风印装厂
经　　销：新华书店
开　　本：720mm×1000mm/16
印　　张：15.5
字　　数：254 千字
版　　次：2014 年 3 月第 1 版　2014 年 3 月第 1 次印刷
书　　号：ISBN 978-7-5096-2337-4
定　　价：42.00 元

总　序

1911 年，泰勒《科学管理原理》的发表标志着管理学的诞生。至今，管理学已经走过了整整 100 年，百年的实践证明，管理学在推动人类社会进步和中国改革开放中发挥了巨大的作用。在这个具有历史意义的时刻，我们也完成了《21世纪工商管理文库》的全部编写工作，希望以此套文库的出版来纪念管理学诞生 100 周年，并借此机会与中国企业的管理者们进行交流与探讨。

"绝不浪费读者的时间"，这是我在筹划编写本套文库时所坚持的第一理念。时间是管理者最宝贵的资源之一，为了让读者尽可能高效率地学习本套文库，我们的团队力求通过精练的文字表达和鲜活的案例分析，让读者在掌握基础知识的同时获得某种思维上的灵感，对解决企业实际中遇到的问题有所启发，同时也获得阅读带来的轻松和愉悦。"绝不浪费读者的时间"，这是我们对您的承诺！

一、编写《21世纪工商管理文库》的出发点

本人从事工商管理领域的学习、研究、教学和实践工作多年，在这一过程中不断探索和思考，形成了自己的一系列观点，其中的一些观点成为编写本套文库的出发点，希望能尽我微薄之力，对我国企业的发展有所帮助。

1. 工商管理是一门应用性极强的学科，该领域的基础理论成果基本上来源于以美国为主的西方国家。在工商管理领域的研究方面，我国应该将重点放在应用研究上。

2. 工商管理在很大程度上受制度、历史、文化、技术等因素的影响。对于源自西方国家的工商管理基础理论，我们切不可照搬照抄，而应该在"拿来"的基础上根据我国的实际情况加以修正，然后将修正后的理论运用于我国的实践。

3. 目前，我国的 MBA、EMBA 所用的经典教材多数是西方国家的翻译版本，不仅非常厚，内容也没有根据中国的实际情况进行调整，在学时有限的情况下学生普遍无法学通，更谈不上应用，这可以从众多的学位论文和与学生的交流中看出。

4. 做企业，应该先"精"后"强"再"大"，并持续地控制风险，只有这样才能保证企业之树长青。而要做到这些，一个非常关键的因素就是对工商管理知识的正确运用，所以，无论多忙，我国的企业管理者们都务必要全面系统地学习适合国情的工商管理知识，以提升企业的软实力。

5. 随着国际化程度的加深，我国急需一批具有系统的工商管理知识和国际化视野且深谙国情的企业家，这一群体将成为我国企业走向国际化的希望。企业的中高层管理者是这一批企业家群体的预备军，因此，我们应该尽力在我国企业的中高层管理者中培育这个群体。

"路漫漫其修远兮，吾将上下而求索"。企业是国家的经济细胞，也是国家强盛的重要标志之一。当今世界，企业间的竞争日趋激烈，我国企业的管理者们要有强烈的危机意识和竞争意识，必须从人、财、物、信息、产、供、销、战略等各方面全方位地提升我国企业的管理水平，力争建成一批世界知名的和有国际影响力的中国企业，这批企业将是中国经济的基础和重要保障。我希望本套文库能够与中国企业中高层管理者的实践碰撞出灿烂的火花，若能如此，我多年的心血和我们团队的工作便有了它存在的价值。

二、《21世纪工商管理文库》的内容

中国企业非常需要有一套适合中国国情的工商管理文库，博览以往工商管理类的书籍，它们对中国企业的发展确实起到了非常重要的作用，但是却鲜有一套文库的内容可以同时将基础性的知识、前沿性的研究和最适合在中国应用的理论

结合工商管理内容的本质，以深入浅出、通俗易懂的表达方式全面呈现出来。由于中国的中高层企业管理者用在读书学习上的时间非常有限，这就要求本套文库能让企业管理者花较少的时间，系统地掌握其内容并加以运用。

　　鉴于此，本人与国内外同行进行了深入的探讨，同时，也与一大批内地、港澳台地区及国外企业家和学者进行了广泛的接触与交流，并实地调研了大量中外企业。在此基础上，仔细查阅了国内外著名大学商学院的有关资料，并结合自己的研究，首次构建并提出了如图 I 所示的工商管理内容模型。该模型经过数十次的修正，直到工商管理理论研究同行与实践中的企业家们普遍认可后才确定下来。它由 31 本书组成，平均每本 200 页以上，基本涵盖了工商管理的主要内容，是目前我国较为系统、全面并适合中国企业的工商管理文库。

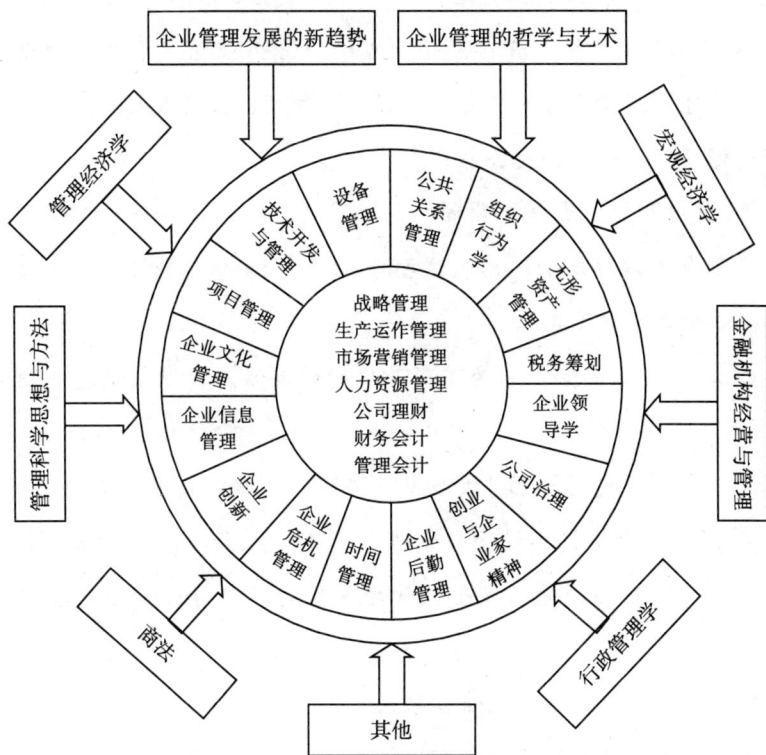

图 I　工商管理内容模型

该工商管理内容模型共分为如下三个部分：

第一部分为核心内容（图Ⅰ中小圆内部分）。该部分内容共分为7个方面：①战略管理；②生产运作管理；③市场营销管理；④人力资源管理；⑤公司理财；⑥财务会计；⑦管理会计。

以上7个方面的内容是工商管理最基本的部分，也是工商管理最核心的部分，这些内容是任何企业都应该具有的。可以说，工商管理其他方面的内容都是围绕这7个方面的内容展开的。这7个方面的内容各有侧重又彼此关联。

我们称这7个方面的内容为工商管理的核心系统，该系统是工商管理专业的核心课程。

第二部分为辅助内容（图Ⅰ中小圆与大圆之间部分）。该部分内容共分为16个方面：①企业领导学；②公司治理；③创业与企业家精神；④企业后勤管理；⑤时间管理；⑥企业危机管理；⑦企业创新；⑧企业信息管理；⑨企业文化管理；⑩项目管理；⑪技术开发与管理；⑫设备管理；⑬公共关系管理；⑭组织行为学；⑮无形资产管理；⑯税务筹划。

以上16个方面的内容是工商管理的辅助内容。不同行业的企业和企业发展的不同阶段都会不同程度地运用到这些内容。这16个方面的内容与核心系统一起构成了企业管理的主要内容。

我们称这16个方面的内容为工商管理的辅助系统，该系统是工商管理专业的选修课程。

第三部分为支撑内容（图Ⅰ中大圆外部分）。该部分内容共分为8个方面：①宏观经济学；②金融机构经营与管理；③行政管理学；④商法；⑤管理科学思想与方法；⑥管理经济学；⑦企业管理发展的新趋势；⑧企业管理的哲学与艺术。

以上8个方面的内容对企业管理起到支撑、支持或制约的作用，企业管理的思想、方法、环境等都与这些内容密切相关，甚至企业管理的绩效直接与这8个方面的内容有关。

我们称这8个方面的内容为工商管理的支撑系统，该系统是工商管理专业的公共必修课程。

需要说明的是，在该模型中，我们标出了"其他"，这是由于工商管理的内容非常丰富，其模型很难包罗万象，而且工商管理本身也在发展中，无论是核心系统、辅助系统，还是支撑系统，都可能在内容上发生变化。因此，我们将该模型中没有表明的内容用"其他"表示。

综上所述，整个工商管理内容模型是由核心系统、辅助系统、支撑系统三大系统组成。我们也可称之为工商管理的三维系统，其中，核心系统和辅助系统构成了企业管理的主要内容。

我们进一步将核心系统和辅助系统按照关系密切程度划分为 5 个子系统，它们分别是：

子系统 1：战略管理、企业领导学、公司治理、创业与企业家精神、企业后勤管理、时间管理、企业危机管理、企业创新、企业信息管理、企业文化管理。该子系统各部分都会对企业产生全局性的影响。

子系统 2：生产运作管理、项目管理、技术开发与管理、设备管理。该子系统各部分技术性强，偏重定量分析，且各部分之间关系密切。

子系统 3：市场营销管理、公共关系管理。该子系统各部分之间关系密切，公共关系的有效管理有助于市场营销管理。

子系统 4：人力资源管理、组织行为学。该子系统各部分之间关系密切，组织行为学是人力资源管理的基础。

子系统 5：公司理财、财务会计、管理会计、无形资产管理、税务筹划。该子系统各部分之间关系密切，公司理财、财务会计、管理会计构成了企业的财务管理体系，同时也是无形资产管理、税务筹划的基础。

以上 5 个子系统也可以作为企业管理的 5 个主要研究方向：①战略管理方向；②生产运作管理方向；③市场营销管理方向；④人力资源管理方向；⑤财会管理方向。其中，战略管理是企业的定位；生产运作管理是企业的基石；市场营销管理是企业生存的手段；人力资源管理是企业的核心；财会管理是企业的灵魂。

当然，工商管理内容模型中的各个部分不是孤立存在的，它们彼此之间常常是有关联的，甚至有些内容还有交叉。如"采购管理"作为企业管理中非常重要的内容，本套文库在生产运作管理、项目管理和企业后勤管理三本书中均有涉及。虽然三本书中关于"采购管理"的内容均有关联和交叉，但三本书中所呈现出来的相应内容的侧重点又是不同的。

三、《21世纪工商管理文库》的内容本质

通过多年来对国内外工商管理理论与实践的研究，我们认为《21世纪工商管理文库》的内容本质可以精辟地概括成如表 I 所示。

表 I 《21世纪工商管理文库》的内容本质

书名	内容本质
1.战略管理	找准企业内部优势与外部环境机会的最佳契合点，并保持可持续发展
2.生产运作管理	依据市场的需求和企业的资源，为客户生产和提供物超所值的产品
3.市场营销管理	以有限的资源和真实的描述，尽可能让企业的目标客户了解并购买企业的产品
4.人力资源管理	适人适才、合理分享、公平机会、以人为本、真心尊重，创造和谐快乐的工作环境
5.公司理财	使公司的资产保值增值并在未来依然具有竞争力
6.财务会计	合规、及时、准确地制作财务会计报表，并运用财务指标评价企业的经营状况
7.管理会计	让管理者及时、准确地了解其经营活动与各项财务指标的关系并及时改善
8.企业领导学	道德领导、诚信经营、承前启后、继往开来
9.公司治理	以科学的制度保障权力的相互制衡，维护以股东为主体的利益相关者的利益
10.创业与企业家精神	发现和捕获商机并持续创新
11.企业后勤管理	通过企业的间接管理活动，使其成本最低和效率最高
12.时间管理	依重要和缓急先后，合理分配时间，从而达成目标
13.企业危机管理	大事化小，小事化了，转危为机
14.企业创新	快半步就领先，持续保持竞争优势
15.企业信息管理	及时和准确地为管理者提供相关的管理信息
16.企业文化管理	以共同的信念和认同的价值观引领企业达到具体的目标
17.项目管理	以有限的资源保质保量完成一次性任务
18.技术开发与管理	将未来的技术趋势转化为商品的过程与管理
19.设备管理	使设备具有竞争力且寿命最长和使用效率最高
20.公共关系管理	使企业与所有利益相关者的关系最和谐且目标一致
21.组织行为学	科学组建以人为本的有效团队

书名	内容本质
22.无形资产管理	化无形为有形，持续发展无形的竞争优势
23.税务筹划	合法、有道德且负责任的节税手段
24.宏观经济学	保持国民经济可持续和健康发展的理论基础
25.金融机构经营与管理	服务大众，科学监管
26.行政管理学	科学制定"游戏"规则，构建长富于民的政府管理机制
27.商法	维护经济秩序并保护企业或个人的合法权益
28.管理科学思想与方法	以可靠准确的数据为基础，优化各类资源的使用效率和效果
29.管理经济学	微观经济学的理论在企业经营决策中的应用
30.企业管理发展的新趋势	企业未来的管理方向
31.企业管理的哲学与艺术	刚柔并济，共创所有利益相关者的和谐

四、《21世纪工商管理文库》的特色

（一）《21世纪工商管理文库》在叙述方式上的特色

1. 每本书的封面上都对该书的内容本质有精辟的描述，这也是贯穿该书的主线，随后对该书的内容本质有进一步的解释，以便读者能深刻领悟到该书内容的精髓所在；并在总序中对整个《21世纪工商管理文库》的内容本质以表格的形式呈现。

2. 每本书的第一章，即导论部分都给出了该书的内容结构，以便读者能清晰地知道该书的整体内容以及各章内容的逻辑关系。

3. 每本书的每章都以开篇案例开始，且每一节的开头都有一句名人名言或一句对本节内容进行概括的话，以起到画龙点睛的作用。

4. 每本书的基础理论大部分都有案例说明，而且基本上是在中国的应用，尽量使其本土化。

5. 每本书都非常具有系统性、逻辑性和综合性，将复杂理论提炼成简单化、通俗化的语句并归纳出重点及关键点，尽量避免不必要的"理论"或"术语"，表达上简洁明了、图文并茂、形象鲜活。

（二）《21世纪工商管理文库》在内容上的特色

1. 本套文库建立了完整的工商管理内容模型，该模型由核心系统、辅助系统和支撑系统组成。在该模型中，读者能够清晰地看到工商管理内容的全貌以及各部分内容之间的关系，从而更加有针对性地学习相关内容。这也是本套文库的基本内容框架，从该框架可以看出，本套文库内容全面，具有很强的系统性和逻辑性，且层次分明。

2. 本套文库的内容汇集和整合了古今中外许多经典的、常用的工商管理理论和实践的成果，我们将其纳入本套文库的内容框架体系，使其更为本土化和实用化。可以认为，我们的工作属于集成创新或整合创新。

3. 每本书的内容都以"基础性"、"新颖性"、"适用性"为原则进行编写，是最适合在中国应用的。对于一些不常用或不太适合在中国应用的基础理论没有列入书中。

4. 核心系统和辅助系统（企业管理的主要内容）中的每本书都有对中国企业实践有指导意义的、该领域发展的新趋势，这可以让读者了解到该领域的发展方向，并与时俱进。为了便于读者阅读和掌握各个领域发展的新趋势，我们将本套文库中的所有新趋势汇集为《企业管理发展的新趋势》一书。

5. 核心系统和辅助系统中的每本书都有该领域的管理哲学与艺术，提醒企业不可僵化地运用西方的基本理论，而应该将中国的管理哲学与艺术和西方现代工商管理理论相结合，即将东西方的科学发展观与中国的和谐社会融合起来，这才是真正适合中国本土化的企业管理。为了便于读者阅读和掌握各个领域的管理哲学与艺术，我们将本套文库中的所有管理哲学与艺术汇集为《企业管理的哲学与艺术》一书。

（三）《21 世纪工商管理文库》在功能上的特色

1. 有别于程式化的西方 MBA、EMBA 教材。本套文库具有鲜明的中国本土问题意识，在全球化视野的背景下，更多地取材于中国经济快速增长时期企业生存发展的案例。

2. 有别于传统工商管理的理论教化。本套文库强调战术实施的功能性问题，力求对工商管理微观层面的问题进行分析与探讨。

3. 有别于一般的工商管理教科书。本套文库中的每本书从一开始就直接切入"要害"，紧紧抓住"本质"和"内容结构"，这无疑抓住了每本书的"主线"，在叙述方式和内容上，围绕这条"主线"逐步展开，始终秉承"绝不浪费读者时间"和"以人为本"的理念。

4. 有别于一般的商界成功人士的传记或分行业的工商管理书籍。本套文库以适合在中国应用的基础理论为支撑，着力解决各行业中带有共性的问题，以共性来指导个性。这也体现了理论来源于实践并指导实践这一真理。

5. 有别于同类型的工商管理文库。本套文库系统全面、通俗易懂，在叙述方式和内容上的特色是其他同类型工商管理书籍所不具备的，而且本套文库的有些特色目前在国内还是空白，如工商管理内容模型、本质、趋势与哲学等。另外，本套文库在表达方式上也颇具特色。

五、《21世纪工商管理文库》的定位

1. 本套文库可供中国企业的中高层管理人员学习使用。通过对本套文库的学习，中国企业的中高层管理人员一方面可吸收和运用西方的适合在中国应用的基础理论，同时结合中国的管理哲学与艺术，把中国的企业做精、做强、做大，参与国际竞争，并保持可持续成长。

2. 本套文库可作为中国企业的中高层管理人员的培训教材。本套文库系统、全面、案例丰富，基础理论和中国实际结合紧密，这对于全面提高中国企业的中高层管理者的素质和管理水平是很有帮助的。

3. 本套文库可作为中国 MBA 或 EMBA 的辅助教材或配套教材，也可作为其他层次工商管理专业的辅助教材或配套教材。和现有的中国 MBA 或 EMBA 教材相比较，该套文库是一个很好的补充，而且更易读、易懂、实用。

明确的定位和清晰的理念决定了我们这套文库自身独有的特色，可以令读者耳目一新。

夏洪胜

2013 年 12 月

目　录

第一章 导 论

无所不在的管理经济学

经济学与我们的生活息息相关。它存在于每个人的日常行为中，每个人在生活和工作中都会有意无意地运用经济学规律做出抉择，消费、投资、理财、谈判、管理乃至人际交往、职场生存、爱情婚姻等，都是一种经济活动，都包含一些经济学规律。

在我们的日常生活中，随处可见管理经济学的身影。为什么你一看到"打折"的标语就按捺不住购买的欲望，即使是你不需要的东西？为什么你才买了没几天的数码相机就遭遇大减价，心疼得牙痒痒？为什么你干得比同事多几倍，你俩工资却不相上下？为什么有些人靠买进卖出就能赚钱？为什么有的人开店能赚钱，你再开一家同样的店就赔钱了？这些都是我们生活中见怪不怪的现象。但我们只要稍微懂一些管理经济学，就能发掘隐藏其后的真相，以及捕捉到别人抓不到的挣钱机会，也可以避免不必要的损失。

经济学是一门经世致用的学科，就像一只"看不见的手"，有意无意地操纵我们的生活。在这样一个经济化的时代，事事都可用管理经济学来分析问题、解决问题。在超市里，面对收银台前的一条条长队，你需要判断哪一支队伍速度较快；为了获得价廉物美的商品，你需要与卖家讨价还价。当你做出决定时，你已经在运用管理经济学的知识了。

　　资料来源：王宇. 经济学是拿来用的 [M]. 北京：中华工商联合出版社，2011.

　　【案例启示】生活如流水，经济是导航。它引领人们穿峡谷、过险滩、漫平原，直达生活中隐藏的管理经济学。通过分析与生活相关的日常琐事，明白其中暗含的原理，打造与众不同的人生。

　　本章您将了解到：

　　● 管理经济学与微观经济学的联系与区别

　　● 现代企业的地位与目标

　　● 管理经济学一般采用的分析方法

第一节　管理经济学概述

　　学经济学并非要让你变成天才，但若不学经济学，命运就很可能与你格格不入。

——保罗·萨缪尔森

一、管理经济学的概念

　　管理经济学是把微观经济学的基本理论应用于企业经营决策，以有效地配置企业内部稀缺资源，从而实现企业目标的一门应用性经济学科。基于这一定义可知：管理经济学的研究对象是企业经营决策问题；运用的理论基础和分析方法来自微观经济学；所要达到的目的是帮助企业作出正确的经营决策，以有效地配置企业内部稀缺资源，从而实现企业目标。

一般认为，宏观经济学和微观经济学共同构成了管理经济学的理论基础。首先，管理经济学研究的是企业的经营决策问题，需要考虑企业的外部经济环境，特别是宏观经济活动的运行状态，因此，企业在进行经营决策时，必须将国家宏观经济政策的基本倾向、国家的利率政策、货币政策等纳入考虑范畴，而这些领域正是宏观经济学的研究对象，所以，管理经济学应用了宏观经济学的理论研究成果。其次，现代市场经济的运行机制是一种高度分散的决策机制，即大量的经营决策都是由单个市场中的单个经济主体做出的，而微观经济学正是研究单个市场中的单个经济主体如何实现稀缺资源的有效配置的问题，因此，管理经济学也运用了微观经济学的理论研究成果。而且，相对于宏观经济学来说，管理经济学更多地运用微观经济学的基本理论和分析方法来解决企业的经营决策问题。

【拓展阅读】

会展为什么这样"红"

会展业兴起于欧洲，是一种新兴的经济现象，是一个跨行业、跨区域、高利润的产业。会展业之所以这么红，其中一个原因，就是它涉及的行业非常多，能有力地拉动投资、消费、出口这"三驾马车"，促进经济的迅速发展。

阿联酋原本是一个石油大国，但石油资源是不可再生资源，为了实现经济的可持续发展，阿联酋开始积极实行多元化的经济战略。由于受到自然景观和文化遗产的限制，考虑到会展经济可以带动相关的旅游业、金融业等第三产业的发展。因此，阿联酋经济就选择转向国际会展业，实现了举世瞩目的腾飞。从迪拜世贸中心公布的数据可知，2010年该场馆的会展观众同比上涨14%。

二、管理经济学与微观经济学

虽然管理经济学和微观经济学之间存在着千丝万缕的联系，但是，管理经济学作为一门学科，又区别于微观经济学，因此，为了能够对管理经济学有一个更加深刻的理解，我们必须对管理经济学与微观经济学之间的关系加以研究，明确它们之间的联系和区别。

（一）管理经济学与微观经济学的联系

任何经济社会要想能够正常运作和持续发展下去，就必须解决关于生产什么、如何生产、为谁生产这三个基本的经济问题。那么，这三个基本经济问题是怎样产生的？从经济学的角度看，基本经济问题产生的根本原因是：人的欲望无限性与资源有限性之间存在着矛盾。在现实生活中，人们的欲望总是无限的，而社会的资源是有限的，有限的资源面对人们无限的欲望，就使得社会中的任何资源都具有了稀缺性的特征。正是资源的稀缺性产生了这些最基本的经济问题，因此，解决这三个基本经济问题就需要对稀缺资源进行有效的配置，即如何有效地利用稀缺资源来满足人们日益增长的需要。由于所有的经济问题都是关于稀缺资源的配置问题，而经济学正是以稀缺资源进行有效配置作为核心问题进行研究的，因此，经济学中的基本理论和分析方法能够有效地解决这些基本的经济问题。

然而，上述三个基本经济问题也是任何一个企业都会遇到的问题。实际上，在企业生产经营过程中，首先，企业为了满足市场需求，就必然要考虑哪些商品最能符合消费者的需求以及市场的总需求量是多少，即生产什么商品以及各种商品又将生产多少？在任何时候，由于企业拥有的资源都是有限的，企业不可能什么样的商品都进行生产，也不可能使每种商品都生产一样的数量，这就需要考虑生产什么与生产多少的问题。其次，企业为了获得更多的利润，就必然要考虑采用何种技术进行生产的问题，即以尽可能少的资源投入来得到尽可能多的产出。一般来说，任何商品的生产都可能采用不同的生产技术来进行生产，而不同的生产技术往往需要使用不同的生产要素，因此，企业需要选择最有效率的生产技术以降低生产成本，这就是如何生产的问题。最后，企业为了能够获得利益相关者的最大支持，就必须考虑对企业利润进行如何分配的问题，即利益相关者如何进行收入分配，这就是为谁生产的问题。

由于企业所面对的经营决策问题与经济学的基本经济问题在本质上是相当一致的，而企业中的各种经营决策问题在微观经济学中都已经有了相当充分的研究，并已取得了许多具有普遍意义的结论。因此，微观经济学的大量研究成果可以运用到企业经营决策中。如就企业外部而言，企业要研究消费者的偏好及其变化等因素，这相对于微观经济学的消费者行为理论；就企业内部而言，企业要研究采用哪种技术进行生产和如何降低生产成本，确定企业的最佳生产规模等，这相对于微观经济学的生产理论和成本理论；就企业之间的竞争而言，企业要研究不同类型的市场结构及其特征，以保证所制定的企业的价格决策与竞争策略等的有效性，这相对于微观经济学的市场结构理论。

（二）管理经济学与微观经济学的区别

虽然管理经济学吸纳了许多与企业经营决策相关的微观经济学的基本理论和分析方法，但是管理经济学并不等同于微观经济学，两者之间存在着明显的不同。一般来说，微观经济学是一门理论学科，而管理经济学是一门应用学科，两者在研究范围及假设条件等方面都存在着一些差异。

首先，微观经济学研究的是抽象的企业，它主要涉及的是价格和产量这类的决策问题；而在现实的企业经营决策中，企业的经营决策问题是多种多样的，显然，仅依靠微观经济学研究抽象企业的现成原理和结论是无法解决如此众多的现实问题的。因此，管理经济学并不是简单地借用微观经济学中现成的原理和结论，而是综合运用微观经济学的基本理论和分析方法解决企业经营中的现实问题。

其次，微观经济学是以"经济人"为基本假设条件的，即企业的唯一目的是追求利润最大化，而现实中的企业则存在很大的不同，它们的目标可能是多样化的，即除了追求利润最大化以外，还可能有扩大市场份额，承担社会责任等其他目标。因此，运用管理经济学知识进行管理决策时，在以利润多少为标准的基础上，还需兼顾其他目标，从而得到的不是最大的利润，而是满意的利润。

最后，微观经济学的另一个基本假设是"完全信息"，即市场上从事经济活动的个体或组织都对有关的经济情况具有完全信息，而管理经济学所研究的现实的企业是在一个环境十分复杂、信息不完全的情况下进行经营的。因此，管理经济学在研究现实的企业决策问题时，由于所收集信息的不完全，而经常要在不完全信息的条件下做出决策。

第二节　现代企业的地位和目标

任何一个其绩效和结果对企业的生存和兴旺有着直接和举足轻重影响的领域，都需要有目标。

——彼得·德鲁克

管理经济学是运用微观经济学的基本理论和分析方法来解决企业中的经营决策问题，因此，管理经济学的研究对象是企业经营决策问题。然而，对企业经营决策问题的有效解决需要了解现代企业的地位和目标。

一、现代企业的地位

企业在现代社会中具有十分重要的地位，这是因为在市场经济条件下，企业是商品的生产、交换和分配的基本单位。首先，在生产领域，企业通过组合各种生产要素，从而生产出社会所需要的各种产品或提供社会所需要的各种服务；其次，在交换领域中，企业既是产品和服务的供应者，又是原材料的消费者，它不仅在生产资料市场进行交换活动，而且在资本市场、技术市场、劳动力市场等也存在交换活动；最后，在分配领域中，企业的生产和交换活动不仅直接关系投资者的利益，而且还与政府的税收、职工的收入以及其他利益相关者的利益等存在着密切的联系。

企业作为国民经济的最基本的细胞，必须从全局角度看待其地位，一方面，企业所处的外部环境是企业生存和发展的基础；另一方面，企业经济效益的实现关系到国民经济整体效益的实现。那么，企业的利益相关者对企业有着怎样的要求呢？对于政府来说，首先，企业必须遵守政府制定的各项法律法规，自觉地接受工商、税务等职能部门的监督检查；其次，政府是国有企业的重要投资者，国有企业的发展离不开政府的支持，因此国有企业要保证资产增值，能带来回报；最后，企业的发展战略要与国家制定的产业发展政策一致，不能相冲突。对于投资者来说，投资者要求企业对其资产承担起保值增值的责任，即企业必须获得足够的利润，使投资者得到合理的回报，从而才会有更多的投资者对企业进行投资。对于最终用户来说，无论是消费品，还是生产资料，企业都应以用户需求为导向，提供满足用户需求的产品和服务。对于内部职工来说，职工为企业提供劳务，保证生产活动的进行，必须得到相应的回报。

此外，企业的经营决策要以人为本，人是开展各项工作的中心，努力营造有利于人才成长的环境，这是提高企业竞争力的关键问题；对于企业自身来说，必须保证企业运转稳定，经济利润不断提高，在消费者心中建立有着良好信誉的企业形象，以实现企业持续发展的目标。

二、现代企业的目标

为了实现企业的有效或最优决策，就必须确定企业的经营目标。就是说，对企业经营决策的评价标准只能根据企业所要达到的经营目标来进行。在传统微观经济学中，利润最大化是企业追求的经营目标，即企业在面对多种可供选择的经营决策方案时，都是选择能够获得利润最大化的方案。而且，大多数的企业理论也毫不含糊地宣称企业的目标就是利润最大化。但是，在市场经济中，大多数企业的所有权实际上是分散于成千上万的股东中，他们每人都拥有代表其所有权份额的股票，这些股东通过选出的董事会雇用经理来管理企业。虽然经理们以谋求股东价值最大化作为企业的目标，但这里股东价值最大化不过是利润最大化目标的另一种说法。

然而，在现实生活中，企业往往同时具有多重目标，即除了利润最大化之外，也还可能有扩大市场份额和销售收入等各种经营目标。如一些经济学家对企业的经营目标提出了不同假设。一种假设是：企业的目标是追求销售收入最大化；另一种假设是：企业的目标是追求市场占有率最大化。此外，还有一种假设认为，对现代企业来说，由于所有权与经营权的分离，使得企业经理有较大的自由处置的权利，因而，在企业实际经营过程中，企业的目标也可能是经理（个人的）效用最大化。[①]

【案例 1-1】

纽约证券交易所董事长的辞职

2003 年 9 月 17 日，美国纽约证券交易所（以下简称"纽约证交所"）董事长理查德·格拉索忍受不住巨额薪水丑闻引发的攻击压力正式辞职。

当年 57 岁的格拉索在纽约华尔街摸爬滚打了 36 年，曾是华尔街呼风唤雨的人物。他最初当小职员时每周才 82.5 美元，之后职业生涯一路攀升，成为纽约证交所历史上权力最大的董事长之一。格拉索是 1995 年上任的，在他的引领下，纽约证交所度过了一个又一个危难时刻，受到了广泛好评。2001 年 "9·11" 事件从天而降，堪称华尔街神经中枢的纽约证交所在 6 天之后成功复市，格拉索成为纽约乃至整个美国的英雄人物之一。

但是，事随时移，自 2003 年 8 月底格拉索高达 13950 万美元的退休薪酬计划曝光之后，格拉索的声名每况愈下，也引来了无数争议。9 月初，数名纽约证交所的交易员公开要求格拉索辞职，随后纽约证交所董事会以及美国金融界、政

---

① 郁义鸿，高汝熹. 管理经济学 [M]. 广州：华南师范大学出版社，2004.

界的许多头面人物也要求调查，并敦促格拉索辞职。17 日下午，纽约证交所董事会在股市收盘后召开紧急电视会议，讨论格拉索的去留。会议最后表决，20名董事以 13：7 的票数接受格拉索的辞呈。17 日傍晚，格拉索无可奈何只好宣布辞职，而这场"巨薪"大争论也就此结束。

可见，谋求经理（个人）效用最大化会使得经理（个人）关注自己的个人利益，导致企业的利润或者抗风险能力降低，严重的后果是造成自己被免职或者企业破产。

资料来源：http：//news.sina.com.cn/o/2003-09-18/1903777085s.shtml.

尽管多元化的企业目标较为符合经济现实，但在理论分析中仍偏向采用单一目标的假设。因为，这不仅能简化分析，而且在现实的企业目标中，总有一个最核心的主要目标，其他的企业目标则都处于相对从属的地位，分量较弱。相对而言，在企业经营的所有动机中，追求利润最大化的目标是最强有力、最持久的且能支配企业行为的目标。虽然，国有企业、行政和事业单位也许追求一些非利润的目标，但这类目标对企业行为的影响仍不能与利润目标相比。这是因为，企业要想在激烈的市场竞争中生存和发展下去，必须以利润最大化作为企业的目标。另外，经济学家在运用利润最大化的目标假设作为预测企业产出和价格行为等方面的时候，也获得了相当大的成功。

在现代企业制度下，以利润最大化为目标尚有诸多不现实的地方。但是以利润最大化为企业目标来分析企业行为，要比以其他任何目标来分析企业行为都合理恰当，是进行分析和决策的合理出发点。因此，本书对企业行为分析是建立在以利润最大化为目标的假设基础之上的。

第三节　管理经济学的分析方法

由于人是趋利避害的动物，所以经济分析方法适用于人类的一切行为。

——贝克尔

对于企业的任何经营决策问题，我们都需要对其进行分析，考虑这样的决策是否值得，这就是最优化问题。管理经济学的分析方法主要包括：边际分析方法、均衡分析方法和经济模型分析方法。

一、边际分析方法

管理经济学有多种分析方法能够帮助企业管理者进行经营决策，但边际分析方法是最基本的一种分析方法，它贯穿管理经济学决策分析的始终。边际作为经济学中的一个重要概念，它是指自变量每增加一个单位所引起的因变量的变化程度。在边际分析方法中存在两个重要的概念：边际收益和边际成本。其中，边际收益是指每增加一个单位的产量所引起的收益增量；边际成本是指每增加一个单位的产量所引起的成本增量。

在企业的经营决策过程中，真正起作用的是由于企业决策活动所引起的改变量。如产量的增加不仅意味着收益的增加，也意味着成本的增加。那么是否增加产量的关键在于收益的增加是否大于成本的增加。所以，企业在制定决策的过程中，要考虑这项活动所带来的边际收益是否大于边际成本。若进行这项活动的边际成本大于其边际收益，理性的企业管理者不会采取该行动。

【案例 1-2】

低价学生飞机票对航空公司合适吗？

一家民航公司在从甲地到乙地的航班上，每位乘客的平均成本为 650 元，那么，当飞机没有满座时，它能不能以较低的票价（如每张 300 元）卖给学生呢？

一般人们的第一反应就是不行，因为航空公司为每位乘客垫付的成本为 650 元，如果收取的费用低于这个数目，就会导致亏本。

但根据边际分析法，在决策时不应当使用平均成本（包括飞机维修费用以及机场设施和地勤人员的费用等），而应当考虑边际成本，即因学生乘坐飞机而额外增加的成本。在这里，增加一个学生乘坐飞机而增加的成本是很小的，它可能只包括学生的餐饮费和飞机因增加载荷而增加的燃料支出。因增加一个乘客乘坐飞机而额外增加的收入叫做边际收益，在这里，就是学生票价收入 300 元。该例子说明，边际收益大于它的边际成本，即学生乘坐飞机能增加公司利润，所以对学生乘飞机收取较低费用，公司是有利可图的。

通过对案例的分析，可以得出的结论：企业在进行决策时，判断某项业务活动是否对企业经营有利，不是根据它的平均成本（包括已经支出的或承诺要支出的费用）的大小，而是应当把由这项活动引起的边际收益和边际成本两者进行比较，如果边际收入大于边际成本，就对企业有利，否则就不利。这就是边际分析方法。它适用于一切经济决策，尤其适用于企业长期目标的制定。

资料来源：http://www.docin.com/p-12105148.html.

边际分析方法应用的主要方面有：确定企业规模、制定产品价格、确定要素投入量、分析产品结构等方面。如确定企业规模时，需要使企业的边际收益等于边际成本，这时的规模就是企业获得最大收益的企业规模。

二、均衡分析方法

在现实生活中，企业的经营决策行为往往受到多种影响因素的制约。均衡是指一种稳定的状态，即对立双方的力量是相互抵消的。均衡分析方法需要考虑企业经营决策行为中所受到的各种影响因素，从而实现各种影响因素的平衡，确定各种因素之间的比例关系，选择合理的经营行为，作出正确的经营决策。

均衡分析方法应用的主要方面有：制定价格、确定产量、确定要素组合等。如企业在制定价格决策时，由于销售收入 = 价格 × 销售量，这时，虽然价格的高低直接影响到了销售收入，但是价格也会影响销售量的变化。企业就需要找到一个均衡状态，使得企业销售收入最大化，这时就需要运用均衡分析方法来进行解决。

三、经济模型分析方法

有一个广为流传的笑话：一名物理学家、一名化学家和一名经济学家漂流到一个孤岛上，饥寒交迫。这时从海上漂来一瓶罐头，物理学家说："我们可以用岩石对罐头施以动量，使其表层受压而断裂。"化学家说："我们可以生火将罐头加热，这样罐头就会因受热膨胀而破裂。"经济学家则说："假设我们有一个开罐头的起子……"

这则故事显然是讽刺经济学家的，因为经济学家在分析问题时总是从假设开始。其实，任何一门学科都是从假设开始的。而经济学的实质就在于假设，并通过模型表现出来。

因此，在管理经济学中，常常需要借助图形和方程式来解释经济关系，我们把这种图形和方程式称为经济模型。一般来说，经济模型是从现实中抽象出来的，它能够使复杂的问题简单化和直观化，从而便于准确把握各种影响因素之间的相互联系，有效地解决问题。

经济模型分析方法应用的主要方面有需求预测、生产分析、成本决策、市场分析、投资决策分析等。如在需求预测时，就可以建立影响市场需求的各种要素与需求量之间的函数关系，从而可以在该函数关系上分析这些影响因素的变化对需求量的影响。有关这些分析方法的具体应用，将在后面的章节中进行详细介绍。

第四节　本书的内容结构

为了使本书内容的逻辑结构更加清晰，特给出本书的内容结构，如图 1-1 所示。

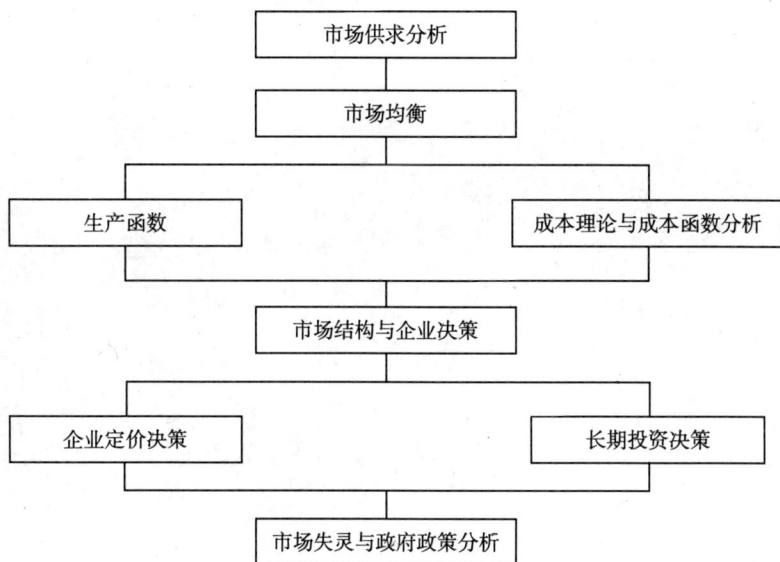

图 1-1　本书的内容结构

本章小结

西方权威人士指出：中国企业常犯决策性的错误。那么，中国企业要如何摆脱决策失误的困扰，走上科学决策的道路呢？管理经济学就是这样一门带领企业做出明智决策的学科。其在满足现代企业目标的基础上，凭借一系列分析方法，为企业提供决策依据。现代企业应灵活运用各种原理，探索适合自己的生财之道。

第二章 市场供求分析

从供给弹性看彩电由短缺到过剩

在 20 世纪 80 年代初期，彩电相当紧俏，有人就是靠"倒彩电"发家致富的。尽管国家严格控制着价格，但与普通老百姓的收入相比，价格还是高高在上。20 世纪 90 年代之后，彩电供求逐渐趋于平衡，再以后就是彩电大量库存积压，没有了市场，随之掀起了降价浪潮，拉开了中国彩电价格战的序幕。

在 20 世纪 80 年代时，随着人们生活水平的提高，手中的钱也跟着增多，彩电成为首选的奢侈品，人们对彩电的需求剧增。当时彩电价格仍受到严格控制，所以，市场无法用制定高价的方法来抑制需求。而当时彩电的生产能力不能满足市场需求，造成供给不足，为"倒彩电"和彩电票变成货币创造了条件。这告诉我们，像彩电这样的产品在需求迅速增加、价格上升（或变相价格上升）时，供给是无法立即大量增加的。

彩电的短缺刺激了彩电厂在全国各地开花，除西藏外各省市都有彩电厂。彩电产量的增加，就引起彩电市场走向均衡，甚至很快又走向过剩。这个过程说明在需求增加、价格（或变相的价格）上升后，供给的变动是与时间长短相关的。我们可以用供给弹性的概念来说明这一点。

某一种物品供给弹性的大小与生产所需、生产要素和技术相关。所以，产品的供给弹性因行业的不同而不同。一般来说，所用设备先进、生产规模一旦确定就不易改变的重工、化工、电子、汽车等行业的产品往往供给缺乏弹性，需求增加时，供给难以马上增加，需求减少时，供给也难以马上减少。彩电行业的情况就是这样。20世纪80年代彩电需求激增时，彩电厂受生产规模限制，增产不能立即实现，但20世纪90年代后供大于求时，彩电厂又不能立马缩小生产规模，减少产量。正因为如此，这些行业需要确定一个最优规模。规模小会失去利润，规模大又会形成生产能力过剩。当前彩电业的困境正在于遍地开花，生产能力过剩。这种产品缺乏供给弹性，不容易立即减少产量，就只能选择降价销售了。

但是，同一种产品其供给弹性也不是一成不变的，与时间长短相关。对许多产品来说，当需求与价格变动时，供给大幅变动的可能性很小。例如，即使彩电涨价100%，在短期内，产量由于受到生产能力限制不能迅速增加，供给变动不大。这就是说在即期内，供给弹性几乎是零。在短期内，尽管设备与生产能力难以立即提高，但可增加原料与劳动，产量还是可以增加的，这时供给缺乏弹性，但比即期要大。长期中，设备与生产能力可以根据市场需求与价格预期来调整，供给是富有弹性的。从20世纪80年代到90年代，彩电由短缺走向平衡正是供给弹性随时间而加大的过程，而以后的过剩则是调整长期生产能力时预期失误的恶果。

资料来源：梁小民.微观经济学纵横谈 [M].北京：生活·读书·新知三联书店，2000.

【案例启示】运用弹性分析，掌握产品的供求规律，能够帮助企业确定最优的生产规模，有效地避免生产过剩或生产不足的情况，为企业带来最大的经济利润。本章从供给和需求两个角度出发，详细分析了供给和需求的基本理论和方法，试图为管理者提供一种在确定合适产量时可供参考的思维框架。

本章您将了解到：

● 供给和需求分析

● 市场需求估计的方法

第一节　供给分析

生产成本若不影响供给，则不会影响竞争价格。

——约翰·斯图亚特·穆勒

一、供给和供给量

供给作为市场中的一支重要力量，是从卖方的角度而言的，通常是指在一定时期内，生产者在每一个价格水平下愿意并且有能力提供某种商品的数量。作为经济学中的供给，必须同时具备两个基本条件，缺一不可：一是生产者具有提供该种商品的愿望；二是生产者具有提供该种商品的能力。从供给的定义出发，供给反映了某种商品价格与该商品供给量之间的关系。

供给量是指在一定时期内，生产者在某一特定价格水平下愿意并且有能力提供某种商品的数量。需要指出的是，供给量并非指生产者实际卖出的商品数量。在现实生活中，供给量一般由两部分组成：一是生产者新生产商品的数量；二是生产者具有的剩余生产能力。

供给可以分为单个供给和市场供给。通常来说，在一定时期内，在影响某种商品供给量的其他因素不变的前提下，在该商品的每一个价格水平下，某个生产者愿意并且有能力提供该种商品的数量称为单个供给；而市场上所有生产者愿意并且有能力提供该种商品的数量称为市场供给。一般来说，市场供给可以由每一个价格水平上单个厂商的供给量加总求和得出。

二、影响供给的因素

影响商品供给的因素很多，但一般可以归纳为以下几个因素：

（一）商品的价格

商品价格的高低对生产者的供给有着直接的影响。对大多数的商品来说，商品价格越高，生产者的销售收入就越高，生产者的利润就会越多，从而现有的生产者就会扩大生产规模，并吸引新的生产者进入该行业，使得商品的供给量增加；反之，商品价格越低，生产者的销售收入就越低，生产者的利润就会越少，从而现有的生产者就会降低生产规模，或者退出该行业，使得商品的供给量减少。

（二）生产要素的价格

如果生产某种商品的生产要素的价格上升，势必引起生产该商品的成本上升，在相同的销售价格下，生产者获得的利润就会下降，那么生产者就会降低这种商品的供给量；反之，如果生产某种商品的生产要素的价格下降，势必引起生产该商品的成本下降，在相同的销售价格下，生产者获得的利润就会增加，那么生产者就会提高这种商品的供给量。如原材料的价格下降，企业的成本降低，生产者觉得有利可图，就会增加产品的生产；相反，若原材料价格上升，就会减少产品的供给。

（三）生产技术水平

当生产技术取得进步时，生产者的劳动生产率就会不断提高，导致生产者增加产量就变得越来越容易。此外，生产技术水平的提高还会导致生产要素使用效率的提高，从而降低生产成本，增加生产者利润。如汽车生产技术的革新，降低了生产成本，使得汽车的供给上升。因此，当生产技术水平提高，生产者提供商品的数量就会增加。

（四）商品价格的预期

一般来说，如果生产者预测到今后其生产的商品有涨价的可能性，那么他们就会增加未来该商品的产量，但却可能减少当前的商品供应量，期待未来以更高的价格销售。反之，如果生产者预测到今后其生产的商品有降价的趋势，那么就会减少未来该商品的产量，但却可能增加当前的商品供给量。就像近些年的房价，房地产商预期房价会持续上升，就大量买地建房，增加房屋的供应数量。

另外，商品的供给还受政府的税收和产业政策、企业的管理水平以及相关替代品、互补品等其他因素的影响。

三、供给量的变动和供给的变动

供给量的变动和供给的变动是两个截然不同的概念，弄清楚供给量的变动与供给的变动之间的区别，对于正确地进行供给分析是十分重要的。

供给曲线反映的是一种供给量的变动，即供给量与价格之间的关系。因此，当谈到供给量的变化时，总是指由于商品价格变化所引起的生产者愿意并且有能力提供的商品数量的变化，在图形上表现为供给曲线上的点的移动（见图 2-1，A 点到 B 点的移动）。

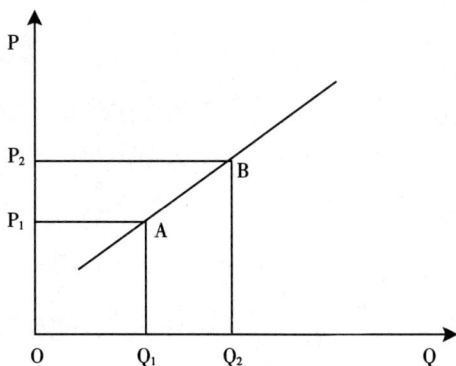

图 2-1　供给量的变动

与此不同的是，当谈到供给的变动时，则是指由于参数发生变化而引起的整个供给关系的变化。它意味着生产者在每一种价格下愿意并且有能力提供的商品数量都与以前不同了，在图形上表现为供给曲线的位移，也就是说，原有的那条供给曲线已不起作用，取而代之的为一条新供给曲线（见图 2-2，S_1 到 S_2 的移动)。如上所述，导致供给变动的因素很多，其中最重要的有生产要素的价格、生产的技术水平、企业的预期和生产者的数量，当这些因素发生变动时，就会使得供给曲线发生移动。

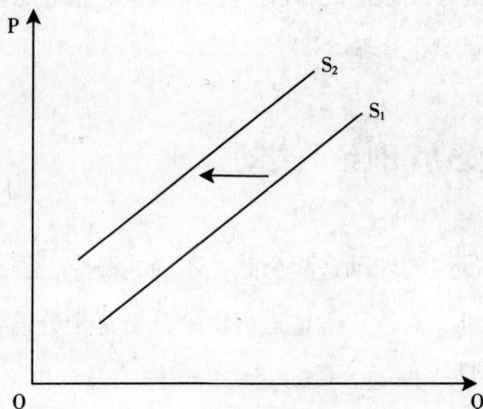

图2-2 供给的变动

四、供给函数

前面提到的所有因素都会对商品的供给量产生影响，我们把这些影响因素与商品供给量之间的关系用函数形式来表示，就可以得到广义的供给函数：

$$Q_s = F(P、I、T、P_e \cdots) \tag{2-1}$$

其中，Q_s 为商品的供给量；P 为商品价格；I 为生产要素的价格；T 为生产技术水平；P_e 为商品的价格预期；…表示还有一些其他的影响因素。

在诸多的因素中，通常认为商品的价格对其供给量的影响最大。在其他影响因素不变的情况下，仅考虑商品价格与供给量之间的关系，并由此得出的在一定时期内，商品价格与供给量之间关系的供给函数，表示为：

$$Q_s = F(P) \tag{2-2}$$

这一供给函数描述了一种商品的供给量与其价格之间的一一对应关系，它是在保持除价格外的所有因素不变的条件下得出的。供给函数可以用供给表和供给曲线表示。其中供给表是对在每一个可能价格下，生产者愿意并且有能力提供某种商品数量的描述（见表 2-1）。

表 2-1　供给表

价格	1	2	3	4	5	6	7	8
供给量	3	5	7	10	13	17	22	27

如果将供给函数用图形的形式来表示，或将商品的价格与供给量之间的关系用曲线来描述，这种曲线就叫做供给曲线（见图 2-3）。

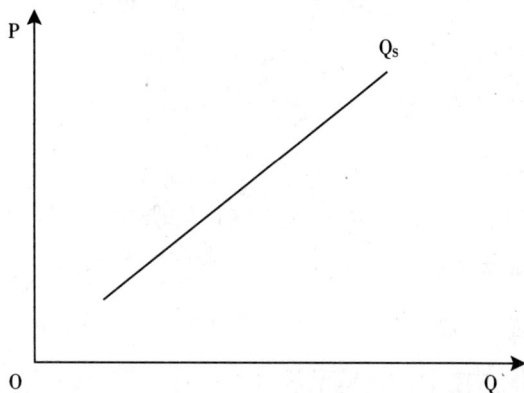

图 2-3　供给曲线

在图 2-3 中，横轴 Q 表示商品的需求量，纵轴 P 表示商品的价格。

图 2-3 中的供给曲线反映了在特定的一段时间内，在其他因素不变的条件下，生产者愿意并且有能力提供某种商品的数量与该商品的价格之间的关系。一般说来，商品价格上升，供给量增加，商品价格下降，供给量减少，商品的价格与供给量之间呈正向变动，因此，供给曲线向右上方倾斜，供给曲线的斜率为正。它反映了供给的基本规律，即在影响供给量的其他条件不变的情况下，某种商品的供给量与其价格之间存在同方向变动的关系，这就是供给法则。也就是说，保持其他变量不变，价格上升，供给量增加；价格下降，供给量减少。

需要强调的是，理解供给法则必须注意以下两点：

其一，前提条件是"其他条件不变"，研究商品自身价格与供应量之间的关系，如果没有这个前提条件，这一关系并不一定成立。

其二，适用于绝大多数商品，但是也存在例外情况。如某些珍稀的商品（古董等），虽然价格发生了变化，但是供给量是无法改变的。

五、供给弹性分析

（一）供给弹性概述

在供给函数中，虽然自变量前面的各项系数反映了供给量对各变量变化的灵敏程度，但同时存在着一些明显的缺陷：一是各变量之间的量纲不一样，从而很难比较各变量对供给量大小的贡献。二是决策者往往要比较同一要素（如价格的变动）对不同商品的影响程度，但一般来说，不同商品的价格水平并不一样，因此，很难做出合理的比较。

为了避免这些缺陷，经济学中引入了弹性的概念。弹性概念反映了某一变量对另一变量变动的敏感程度。一般而言，只要后一个变量确实是前一个变量变化的影响因素，弹性就可以用来度量任何一个变量关于另一个变量变化做出反应的敏感程度。弹性的优点在于，它是无量纲的，是以相对的百分比的形式计算出来的单纯的一个数字，并与商品的计量单位无关。因此，弹性可以在不同的商品之间以及不同变量之间进行比较。

假设 X 为自变量，Y 为因变量，E 为弹性系数，那么一般意义的弹性就可以表示如下：

$$E = \frac{Y \text{变动的百分比}}{X \text{变动的百分比}} = \frac{\frac{\Delta Y}{Y}}{\frac{\Delta X}{X}} = \frac{\Delta Y}{\Delta X} \times \frac{X}{Y} \tag{2-3}$$

其中，X、Y 分别表示变动前变量的取值；ΔX 表示 X 变量的变动量，即 X 变量变动后的值减去变动前的值；ΔY 表示 Y 变量的变动量，即 Y 变量变动后的值减去变动前的值。

供给弹性是测量在一定时期内，一种商品的供给量对于其影响因素变化做出反应的敏感程度。更具体地说，供给弹性表示在影响商品供给量的其他因素不变的条件下，一种影响供给量变动的因素变动百分比所引起的供给量变动的百分比。

$$供给弹性 = \frac{供给量变动的百分比}{供给量影响因素变动的百分比} \tag{2-4}$$

从理论上讲，对任何一种商品，有多少种影响该商品供给量的因素，就有多少种供给弹性。但对于生产者来说，商品的价格是影响供给量的最重要因素，因此，在对供给弹性的分析中，仅介绍供给价格弹性，对于其他的影响因素也可以进行类似的分析。

（二）供给价格弹性

供给价格弹性是指在影响商品供给量的其他因素不变的条件下，由于该商品价格变动的百分比所引起的供给量变动的百分比，它用来衡量供给量对价格变动的敏感程度。

$$供给价格弹性\ E_P = \frac{供给量变动的百分比}{价格变动的百分比} = \frac{\frac{\Delta Q}{Q}}{\frac{\Delta P}{P}} = \frac{\Delta Q}{\Delta P} \times \frac{P}{Q} \tag{2-5}$$

其中，ΔQ 为供给量的变化量；ΔP 为价格的变动量。

由于一种商品的供给量与其价格正相关，所以，供给价格弹性为正值。

供给价格弹性又分为供给价格弧弹性和供给价格点弹性。

1. 供给价格弧弹性

供给价格弧弹性是计算两个价格之间弹性的一种方法，表现为供给曲线上两点之间的弹性，用来衡量某个价格范围内的平均弹性。其计算公式如下：

$$E_P = \frac{\frac{(Q_2 - Q_1)}{(Q_2 + Q_1)/2}}{\frac{(P_2 - P_1)}{(P_2 + P_1)/2}} \tag{2-6}$$

2. 供给价格点弹性

供给价格点弹性是计算供给曲线上某一点的供给量变动对于价格变动的反应程度，即当供给曲线上两点之间的变化无限趋向于无穷小时的供给价格弹性。其计算公式如下：

$$E_p = \frac{\dfrac{dQ}{Q}}{\dfrac{dP}{P}} = \frac{P}{Q} \times \frac{dQ}{dP} \qquad (2-7)$$

【案例 2-1】

价格弧弹性的计算

假设某个生产者生产一种商品，当该商品的价格从 2 元提升到 4 元，该商品每月供给量由 3 万个增加到 5 万个。计算该商品从 2 元到 4 元之间的供给价格弧弹性？

解：根据题意和已知条件，可以得出：

$$E_p = \frac{5-3}{5+3} \times \frac{4+2}{4-2} = 0.75$$

即该商品的价格从 2 元到 4 元之间的供给价格弧弹性为 0.75。

（三）供给价格弹性的分类

由于供给价格弹性用来衡量供给量对价格变动的敏感程度，所以，可以通过考查供给价格弹性来讨论供给的特点。

如图 2-4 所示，供给的价格弹性为零，即供给价格无弹性，这时，供给曲线是一条垂直于横轴的直线，即无论价格如何变动，供给量总是不变。如土地、古

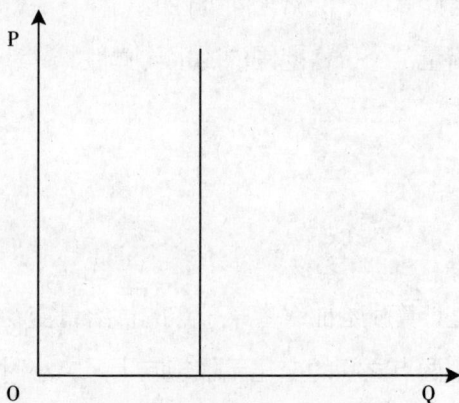

图 2-4　供给价格无弹性

董，其供给量是固定不变的。

如图 2-5 所示，供给的价格弹性接近无限大，即供给价格完全有弹性，这时，供给曲线是一条水平直线，即价格的轻微变动就会引起供给量的剧烈变化。

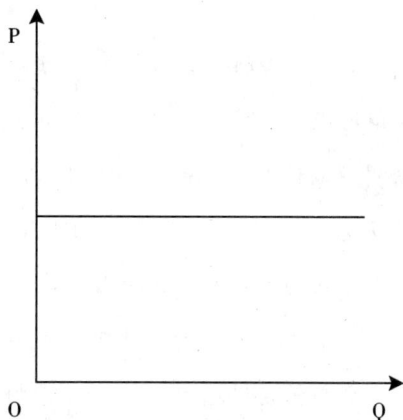

图 2-5　供给价格完全有弹性

图 2-4 和图 2-5 反映了供给价格弹性的两种极端的情况，即供给价格无弹性和供给价格完全有弹性。然而，在大多数市场上，供给价格弹性是处于两者之间的，而且供给价格弹性并非一成不变的，而是不断变动的。如当企业的生产能力有限，且存在闲置的生产能力时，若价格有小幅度提升，企业就可以利用闲置的生产能力生产出更多的产品，这时供给的价格弹性就比较大。随着供给量的不断增加，一旦现有的生产能力得到完全利用，则再增加产量就需要建立新工厂，这时供给就变得缺乏价格弹性。

【拓展阅读】

为什么油价如此不稳定

石油进入市场前需要一段漫长的道路。石油公司先要聘请地质专家搜寻石油，一旦发现一块可能的油田，石油公司便开始钻井勘探，只有勘探表明地质储量具备经济价值时，才会大规模地开发，因此从勘探到石油产出的全过程要花费多年的时间。正因为增加供应量需要一段很长的时间，石油的供给价格弹性很低。同时，石油的替代品很少，因此石油的需求价格弹性也较小。

供给曲线和需求曲线均缺乏弹性，因而供给曲线的小幅移动就能引起价格的大幅波动。而石油市场很大程度受到石油输出国组织（OPEC）的控制，这些国家拥有世界已探明石油储量的 75%。OPEC 试图通过成员国的限产来保持石油的高价格。但从 20 世纪 70 年代以来，OPEC 限产保价的尝试只是昙花一现：成员国相互合作从而供应减少的时期与成员国互不合作从而供应增加的时期交替出现。结果就是，供给的不稳定造成石油价格的大幅波动。

从长远看，较高的油价会引起供给更大幅度地增加，也就是说，供给的价格弹性增加了。之所以会增加，是因为高油价鼓励了石油公司勘探新油田，并有动力去开发难度大的油气资源，如海底油气田和深层油田。那么，当石油的供给弹性增加后，供给变动只会带来价格的小幅波动。

资料来源：克里斯托弗·托马斯，查理斯·莫瑞斯. 管理经济学（第 9 版）[M]. 北京：机械工业出版社，2010.

第二节　需求分析

没有需求，就没有生产。

——卡尔·马克思

一、需求和需求量

需求作为市场中的另一支重要力量，是从买方的角度而言的，通常是指在一定时期内，消费者在每一个价格水平下愿意并且有能力购买某种商品的数量。需求必须同时具备两个基本条件，缺一不可：一是消费者具有购买该种商品的愿望；二是消费者具有购买该种商品的能力。从需求的定义出发，需求反映了某种商品价格与该商品需求量之间的关系。

需求量是指在一定时期内，消费者在某一特定价格水平下愿意并且有能力购买某种商品的数量。人类的欲望是无限的，无限的欲望产生无限的需要。但是有需要并不一定有需求，需求指的是在某一时期内的某一个市场上消费者愿意并且有能力购买的商品的数量，而需要则是人们内在的心理状态。区分需要和需求的基本标准在于是否具有购买能力。一般来说，只有在具备了支付能力的情况下，人们的需要才能转化为需求，否则只可能是意念中的主观愿望，是无法实现的，则只能称为潜在需求。

由于单个消费者的需求量和市场的需求量并不一样，有必要对个人需求和市场需求予以区分。通常来说，在其他因素不变的前提下，在该商品的任何一个可能的价格下，某个消费者愿意并且有能力购买该种商品的数量称为个人需求，而市场上所有消费者愿意并且有能力购买该种商品的数量则称为市场需求。一般来说，市场需求可以由个人需求在每一个价格水平上需求量加总求和得出。

二、影响需求的因素

在一篇美国作家的短篇小说中，讲述了一个不得志的画家，他的作品一直卖不出去。于是，他和朋友策划了一场骗局，宣称该画家已死，并请一些评论家对画家的作品进行一番大肆赞扬。顿时，作品的价格飙升，确实发了一笔横财，但画家却不能再以原来的身份生活并画画了。设计这个骗局的人可能并不懂经济学，但他们的策划却符合经济学的道理。供求决定价格，要想控制价格，就必须控制供求，而影响人们的需求自然能达到控制价格的目的。

影响某种商品需求的因素往往有多种，并因商品特性的不同而有所不同。一般地，影响因素有以下几种：

（一）商品的价格

商品价格的高低对消费者的需求有直接的影响。一般来说，当商品价格下降时，消费者愿意并且有能力购买该种商品的数量会增加；当商品价格上升时，消费者愿意并且有能力购买该种商品的数量就会减少。

经济学家们认为商品价格和需求量之间的这种反向变化关系是因为存在替代效应和收入效应。

1. 替代效应：由于商品价格的变动引起了商品需求量的变动

当一种商品的价格下降时，消费者就会偏向购买该商品以代替其他商品，因为相比较，这种商品变得廉价了。反过来，当所选商品的价格上升时，它相对其他商品变得昂贵了，故消费者偏向购买其他商品来替换这种商品，从而降低这种商品的需求量。如航空费用的增加会带来铁路需求的增加，从而减少对航空的需求。

2. 收入效应：由于消费者实际收入的变动引起商品需求量的变动

当一种商品的价格发生变化时，就会对消费者实际收入产生影响，进而影响商品的需求量。由于某种商品价格下降了，消费该种商品的消费者会得到益处，即人们在消费以前同样数量该商品的同时，还会有部分的收入剩余。这部分的剩余收入，还可用于购买已降价的该种商品或其他商品。若该商品价格上升，那么消费者利益就会受到损害，因为他们现在无法用同样的货币购买到同等数量的商品，只能减少提价商品或其他商品的购买量或两者的购买量均减少。

（二）消费者的收入水平

除了商品的价格对商品的需求量产生影响以外，消费者的收入水平也是影响需求量的一个重要因素。对于正常商品来说，在其他因素不变的情况下，收入增加会引起该商品需求量增加，收入减少会引起该商品需求量减少。当一个购买者有更多的收入时，会增加对汽车、猪肉、唱片等正常品的需求量。对于低档品来说，在其他因素不变的情况下，收入增加会引起该商品需求量减少，收入减少反而会引起对该商品需求量增加。如消费者收入降低，会导致对公共交通服务等低档品的需求量增加。

（三）相关商品的价格

在现实生活中，我们还注意到有些商品之间存在着一定关系，当相关商品的价格变化时，就会影响另一种商品的需求量。如果有两种以上商品，具有相同的使用功能，即互为替代品。这时，当一种商品的价格上升时，就会引起另一种商品需求量增加；或当一种商品的价格下降时，就会引起另一种商品需求量减少；如果两种商品总是被共同使用，即为互补品。这时，当一种商品的价格上升时，就会引起另一种商品需求量减少；或当一种商品的价格下降时，就会引起另一种商品需求量上升。像国产汽车和进口汽车是一组替代品，可口可乐和百事可乐是一组替代品，而唱片和唱片播放器是一组互补品。

（四）消费者的偏好

除了上述客观因素对商品的需求量产生影响外，消费者的偏好也会对商品的需求量产生重大的影响。每个消费者都有着一定的偏好，而不同消费者的偏好差异可能非常大。尽管消费者的偏好不能直接度量，但当消费者对某种商品具有偏好时，就会影响商品需求量的变化。但对企业来说，有实际意义的是整个市场的需求，因此，重要的并不是单个消费者之间偏好的差异，而是消费者作为一个群体在偏好上的特点。影响市场需求的消费者偏好更多地涉及当时当地的社会环境、风俗习惯、时尚变化等。如健身的热潮增加了人们对于健身俱乐部和健身器材的需求，当潮流消退后，需求就会下降。

（五）商品价格的预期

在未来一段时期内，对商品预期价格的变化也会影响商品的需求量。当消费者或媒体预测商品价格会上升时，当期商品的需求量就会增加，而未来商品需求量可能就会减少；反之，当消费者或媒体预测商品价格会下降时，当期商品的需求量就会减少，而未来商品的需求量可能就会增加。假设一场冰雹毁掉了桃子的大丰收，消费者推测桃子的供给减少，这种推测会很快推动价格上涨，人们就会纷纷购买桃子，预期价格的变化造成桃子需求的增加。

另外，商品的需求量还受消费者数量、广告费用、市场的饱和程度等其他因素的影响。

【拓展阅读】

赶时髦效应

2006 年 7 月，一部小成本电影《疯狂的石头》以不到 300 万元的成本狂收 1800 万元的票房，相比之下，中国同期一些高成本电影的票房却不甚理想。为什么会出现这种情况呢？

这是因为，看过电影的人和影评人的观点会对影片的票房产生直接影响。在传统的消费者行为理论中，个人根据自己的偏好采取获得效用最大化的行为。但是在观看新电影前，人们不清楚自己是否喜欢这部新片，这时，个人偏好就会在很大程度上受到其他已观看过电影的人的观点的左右，即所谓"先入为主"。

那么，这种对产品的需求随着使用人数的增加而增多的现象，就称为赶时髦效应。

三、需求量的变动和需求的变动

需求量的变动和需求的变动是两个截然不同的概念，弄清楚需求量的变动与需求的变动之间的区别，对于正确地进行需求分析是十分重要的。

需求曲线反映的是一种需求量的变动，即需求量与价格之间的关系，因此，在谈到需求量的变动时，总是指由于商品价格变化所引起的消费者愿意并且有能力购买的商品数量的变化，在图形上表现为需求曲线上点的移动（见图 2-6，A

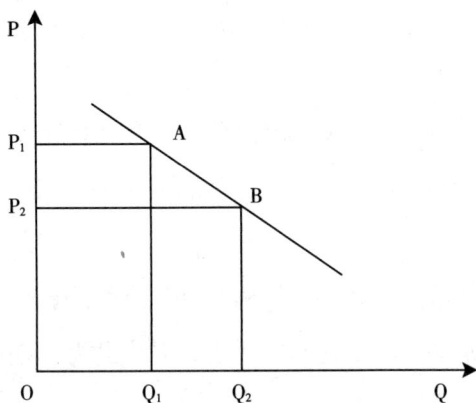

图 2-6　需求量的变动

点到 B 点的移动)。

　　与此不同的是,当我们谈到需求的变动时,则是指除价格因素外,由于其他参数的变化而引起的整个需求关系的变化。它意味着消费者在每一种价格下愿意并且有能力购买的商品数量都与以前不同了,在图形上表现为需求曲线的位移,原有的那条需求曲线已不起作用,取而代之的是一条新的需求曲线（见图 2-7,D_1 到 D_2 的移动)。

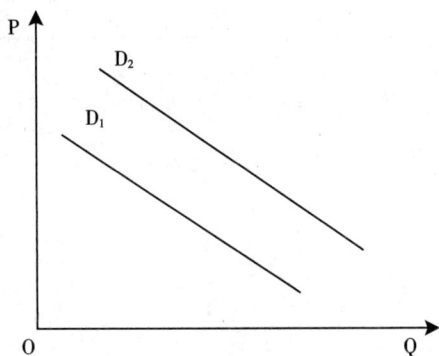

图 2-7　需求的变动

四、需求函数

　　前面提到的所有影响因素都会对商品的需求量产生影响,我们把这些影响因素与商品需求量之间的关系用函数形式来表示，就可以得到广义的需求函数：

$$Q_D = F(P, M, P_r, R, P_e, \cdots) \tag{2-8}$$

其中，Q_D 为商品的需求量；P 为商品价格；M 为消费者的收入水平；P_r 为相关商品的价格；R 为消费者的偏好；P_e 为商品的预期价格；"…"表示还有一些未列入的其他影响因素。

在诸多因素中，通常认为商品的价格对其需求量的影响最大，在其他因素不变时，仅考虑商品价格与需求量之间的关系，并由此得出在一定时期内商品价格与需求量之间关系的需求函数，表示为：

$$Q_D = F(P) \tag{2-9}$$

这一需求函数描述了一种商品的需求量与价格之间存在的依存关系，它提出的前提条件是除价格外其他影响因素均保持不变。需求函数可以用需求表和需求曲线两种方法进行描述。其中，需求表是对在每一个可能价格下，消费者愿意并且有能力购买某种商品数量的描述（见表2-2）。

表 2-2　需求表

价格	1	2	3	4	5	6	7	8
需求量	50	46	40	35	29	21	17	12

将需求函数用图形的形式来表示，或商品的价格与需求量之间的关系用曲线来描述，这种曲线就叫做需求曲线（见图2-8）。

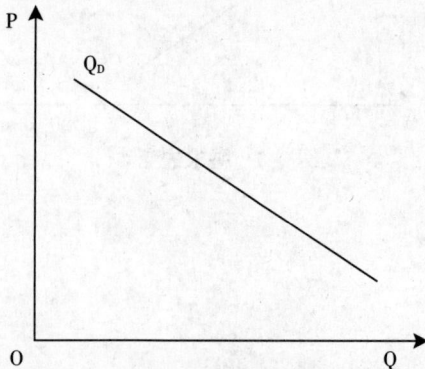

图 2-8　需求曲线

图 2-8 的需求曲线反映了在特定的一段时间内，在其他因素不变的条件下，消费者愿意并且有能力购买商品的数量与该商品的价格之间的关系。一般说来，商品价格上升，需求量减少；商品价格下降，需求量增加，商品的价格与需求量之间呈反方向变动，因此，需求曲线向右下方倾斜，需求曲线的斜率为负。

在生产者定价和产量决策过程中，与之关系最密切的是企业需求曲线。如果在市场上，只有一家企业提供某种商品，则市场需求曲线就是企业需求曲线，这时，企业就要承受收入、消费者偏好和相关商品价格等因素变化的全部影响。同样，企业的价格政策会对企业产品的购买者产生很大的影响。但这样的情况是很少的，在多数情况下，一家企业通常只向整个市场提供部分产品，因而，企业所面临的需求曲线不同于市场需求曲线。

企业需求和市场需求的区别在于企业需求还要受一些额外因素的影响，其中最重要的因素是竞争对手的决策。如除非所有的企业都实施降价策略，否则，一家企业降价就可能导致竞争对手的销售量的减少。同样，一次有效的广告促销活动有可能使得竞争对手的销量急剧下降，本企业的销量迅速增加。

由图 2-8 可以看出，需求曲线反映了需求的基本规律，即在影响需求量的其他条件不变的情况下，某种商品的需求量与其价格之间存在反方向变化的关系，这就是需求法则。需求法则是从大量的实践经验中归结出来的，它符合我们在日常生活中的切身体验。也就是说，保持其他变量不变，价格上升，需求量减少；价格下降，需求量增加。

五、需求弹性分析

需求弹性是测量一种商品的需求量对于其影响因素变化做出反应的敏感程度。更具体地说，需求弹性表示在其他因素不变的条件下，某种引起需求量变动的因素变动百分比所引起的需求量变动的百分比。

$$需求弹性 = \frac{需求量变动的百分比}{需求量影响因素变动的百分比} \tag{2-10}$$

从理论上讲，对任何一种商品，有多少种影响该种商品需求量的因素，就有多少种需求弹性。但通常我们仅讨论那些最主要的影响需求量的因素，如价格、收入和相关商品的价格，即需求价格弹性、需求收入弹性和需求交叉弹性。当然对于其他的因素也可以完全进行类似的分析。

（一）需求价格弹性

1. 需求价格弹性概述

需求价格弹性是指在其他因素不变的条件下，商品价格变动的百分比所引起的需求量变动的百分比，它用来衡量商品需求量对价格变动的敏感程度。

$$\text{需求价格弹性 } E_P = \frac{\text{需求量变动的百分比}}{\text{价格变动的百分比}} = \frac{\frac{\Delta Q}{Q}}{\frac{\Delta P}{P}} = \frac{\Delta Q}{\Delta P} \times \frac{P}{Q} \quad (2\text{--}11)$$

其中，ΔQ 为需求量的变动量；ΔP 为价格的变动量。

根据需求法则，价格与需求量的变化总是相反的，即分子和分母的符号相反，因此，需求价格弹性总是负值，但经常用绝对值表示。

上述的需求价格弹性公式是计算需求价格弹性的一般公式。在具体进行计算时，需求价格弹性又分为需求价格弧弹性和需求价格点弹性。

需求价格弧弹性是计算两个价格之间弹性的一种方法，表示需求曲线上两点之间的弹性。获取了曲线上两点的坐标数据后，就可计算需求曲线上两点之间的弧弹性，一般来说，需求曲线上每一个点的弹性并不相同，因此，需求价格弧弹性是用来衡量需求曲线上某个范围内的平均弹性。其计算公式如下：

$$E_P = \frac{\frac{(Q_2 - Q_1)}{(Q_2 + Q_1)/2}}{\frac{(P_2 - P_1)}{(P_2 + P_1)/2}} \quad (2\text{--}12)$$

需求价格点弹性是反映需求曲线上某一点的需求量变动对于价格变动的敏感程度，即表示当需求曲线上两点之间的变化趋向于无穷小时的需求价格弹性。其计算公式如下：

$$E_P = \frac{\dfrac{dQ}{Q}}{\dfrac{dP}{P}} = \frac{P}{Q} \times \frac{dQ}{dP}$$ $\qquad$ (2-13)

【案例 2-2】

需求价格弧弹性的计算

已知在需求曲线上，存在 $P_1 = 2$，$Q_1 = 8$；$P_2 = 6$，$Q_2 = 2$；计算 P_1 到 P_2 之间的需求价格弧弹性。

解：根据题意和已知条件，可以得出：

$$E_P = \frac{Q_2 - Q_1}{P_2 - P_1} \times \frac{P_1 + P_2}{Q_1 + Q_2} = \frac{2 - 8}{6 - 2} \times \frac{2 + 6}{8 + 2} = -1.2$$

即产品在价格 2 元到 5 元之间的需求价格弧弹性为 1.2。

【案例 2-3】

需求价格点弹性的计算

假设企业生产一种产品的需求函数如下：

$Q = 32000 - 30P$

试求 $P = 1500$，$Q = 60000$ 处的需求价格点弹性。

解：根据题意和已知条件，可以得出：

$$\frac{dQ}{dP} = -30$$

代入需求价格点弹性的计算公式：

$$E_P = \frac{dQ}{dP} \times \frac{P}{Q} - 30 \times \frac{1500}{60000} = -0.75$$

即该产品在价格为 1500 元的需求价格点弹性为 0.75。

2. 需求价格弹性的分类

需求价格弹性表明了商品价格的变化引起消费者需求量的变化情况。根据需求价格弹性绝对值的大小，一般把需求价格弹性分为两类：

（1）如果一种商品价格变动的百分比大于需求量变动的百分比，即 $|E_P| > 1$，我们说商品需求量对价格的变动比较敏感，即这种商品是富有弹性的。这类商品在价格变化时，需求量的变动比较大。因此，其需求曲线相对比较平缓（见图2-9）。

（2）如果一种商品价格变动的百分比小于需求量变动的百分比，即 $|E_P| < 1$，我们说商品需求量对价格的变动不敏感，即这种商品是缺乏弹性的。这类商品在价格变化时，需求量的变动比较小。因此，其需求曲线相对比较陡峭（见图2-10）。

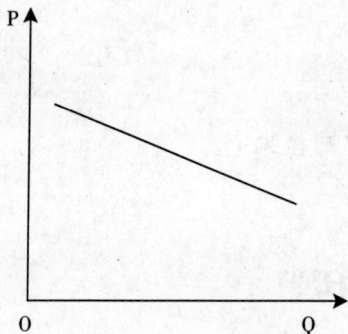

图2-9　需求价格富有弹性　　　　图2-10　需求价格缺乏弹性

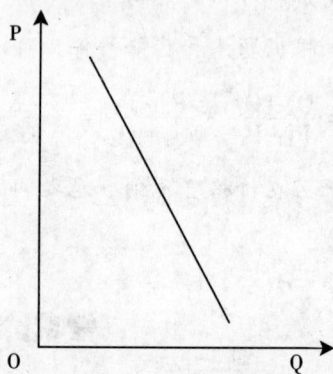

【拓展阅读】

为什么会出现"谷贱伤农"

中国有句古语叫"谷贱伤农"，意思是在丰收季节，由粮价下跌引起的农民收入反而减少的现象。其原因就在于粮食是生活必需品，需求的价格弹性小，人们不会因为粮食便宜而多吃粮食。由于粮食增加造成粮价下跌的幅度大于粮价下降引起的需求量增加的幅度，损失得不到弥补，从而农民收入减少。

此外，需求价格弹性还有以下三种比较特殊的情况：

（1）需求价格无弹性：$E_P = 0$。这类商品的价格无论如何变动，需求量是固定不变的，这时，需求曲线是一条垂直于横轴的直线（见图 2-11）。对于国家的战略物资需求，可近似视为这种情况。

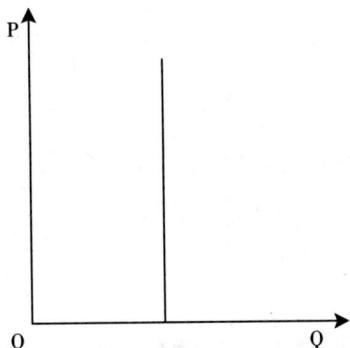

图 2-11 需求价格无弹性

（2）需求价格单位弹性：$E_P = 1$。这类商品的价格变动恰好引起对商品需求量的相同程度的反方向变动。这时，需求曲线是一条双曲线，需求量乘以价格等于常数（见图 2-12）。

（3）需求价格完全弹性：$E_P = \infty$。这类商品需求量的变动对于价格变动的反应非常敏感，这时，需求曲线是一条平行于横轴的直线（见图 2-13）。理论上，在完全竞争市场中，企业需求价格具有完全弹性，即该商品若以略低于市场价格出售，就会立即售罄；若该商品以高于市场价格出售，就会一点儿也卖不出去。

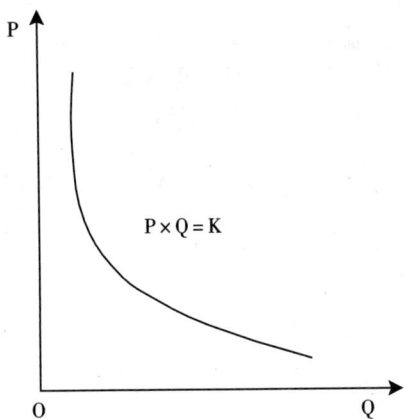

图 2-12 需求价格单位弹性

$P \times Q = K$

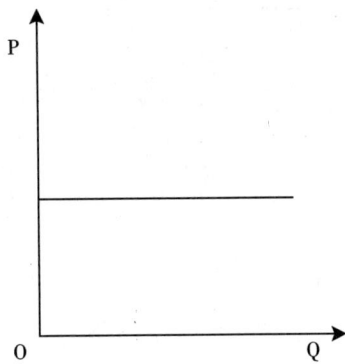

图 2-13 需求价格完全弹性

3. 需求价格弹性的应用

需求价格弹性揭示了需求量关于价格变化的敏感程度，这对于企业制定价格的决策具有重要的意义。对于一个企业来说，销售收入的增加是十分重要的利润来源，而销售收入等于销售价格乘以销售量，可见销售收入受到价格和销售量两个因素的影响。根据需求法则，需求量与价格之间的变化呈反相关关系，这时销售收入的变化就取决于价格和销售量这两个因素中哪个因素变化得更大。而对于这一点，就可以运用需求价格弹性进行衡量。

【案例 2-4】

需求价格弹性在机票价格制定中的运用

表 2-3 提供了美国至欧洲的头等舱、经济舱和优待舱的需求价格弹性。头等舱的需求价格弹性绝对值远低于经济舱或优待舱，部分原因是乘坐头等舱的经常是商务旅客或比较富裕的人——他们的出行计划不会因为机票价格变动而改变。航空公司管理者们对这些数据进行了深入分析，来为机票价格的制定提供依据。头等舱的需求价格弹性的绝对值相对较低，因此他们为头等舱制定了高价格，价格的增量大于需求的减少量，就可以获得更多的销售收入。而对于那些乘坐经济舱和优待舱的旅客，航空公司根据他们的需求价格弹性合理地降低了飞机票的价格，因为需求的增量大于价格的减少量，能增加收入。

表 2-3 美国至欧洲的机票需求价格弹性

机票种类	价格弹性
头等舱	−0.45
经济舱	−1.30
优待舱	−1.83

资料来源：http://wenku.baidu.com/view/549ad5087cd184254b353596.html.

当需求价格富有弹性时，即 $|E_P| > 1$，需求量变动的百分比大于价格变动的百分比，故提高价格会使销售收入减少，降低价格会使销售收入增加；当需求价格弹性缺乏弹性时，即 $|E_P| < 1$，需求量变动的百分比小于价格变动的百分比，

故提高价格会使销售收入增加，降低价格会使销售收入减少。价格变动、需求价格弹性和销售收入的变化关系如表2-4所示。

表2-4　价格变动、需求价格弹性和销售收入的关系

	$\lvert E_P \rvert > 1$	$\lvert E_P \rvert = 1$	$\lvert E_P \rvert < 1$
降低价格	销售收入增加	销售收入不变	销售收入减少
提高价格	销售收入减少	销售收入不变	销售收入增加

资料来源：池仁勇. 管理经济学 ［M］. 北京：科学出版社，2005.

从表2-4可以看出，当需求价格弹性富有弹性时，价格变动与销售收入呈反方向变动；而在需求价格弹性缺乏弹性时，价格变动与销售收入呈同方向变动；而在需求价格弹性等于1时，全部销售收入达到最大值。根据以上分析，企业在决定是提高还是降低价格时，应当根据需求价格弹性的大小来决定，最终企业应当在需求价格弹性等于1时，确定商品销售的价格，从而获得最大的销售收入。

【拓展阅读】

为什么青少年比成年人对香烟价格变化更敏感

即使从长期看，香烟也没有相近的替代品。所以对于成年人来说，对香烟的需求价格弹性是缺乏弹性的，但对于青少年而言，则是富有弹性的。为什么是这样呢？

（1）一般来说，青少年的收入相比成年人要低，香烟的花费占总收入比重往往超过成年人。

（2）相比成年人，青少年更易受周围人的影响决定是否继续吸烟。因此，当香烟价格很高时，周围同龄人中吸烟人群可能会减少，那么青少年也很可能受其影响而戒烟。

（3）青少年的烟龄没有成年人烟龄长，对于香烟的上瘾程度不及成年人深，所以对于价格的上涨更敏感。

(二) 需求收入弹性

1. 需求收入弹性概述

消费者的收入水平也是影响商品需求量的重要因素之一。需求收入弹性是指在其他因素不变的条件下，消费者收入变动的百分比所引起的需求量变动的百分比，它用来衡量需求量对消费者收入变动的敏感程度。

假设某商品的需求量 Q 是消费者收入水平 I 的函数，即 Q = F(I)，需求收入弹性用 E_I 表示。则：

$$需求收入弹性\ E_I = \frac{需求量变动的百分比}{收入变动的百分比} = \frac{\dfrac{\Delta Q}{Q}}{\dfrac{\Delta I}{I}} \tag{2-14}$$

其中，ΔQ 为需求量的变动量；ΔI 为收入的变化量。

在具体计算时，需求收入弹性的计算公式也有两种：需求收入弧弹性和需求收入点弹性。

需求收入弧弹性的计算公式如下：

$$E_I = \frac{\dfrac{(Q_2 - Q_1)}{(Q_1 + Q_2)/2}}{\dfrac{(I_2 - I_1)}{(I_1 + I_2)/2}} \tag{2-15}$$

需求收入点弹性的计算公式如下：

$$E_I = \frac{\dfrac{dQ}{Q}}{\dfrac{dI}{I}} = \frac{I}{Q} \times \frac{dQ}{dI} \tag{2-16}$$

【案例 2-5】

需求收入弧弹性的计算

当消费者的收入水平从 10000 元增长到 20000 元，某种商品的销售量从 40000 个增加到 60000 个。计算这一范围内的需求收入弧弹性。

解：根据题意和已知条件，可以得出：

$$E_I = \frac{60000 - 40000}{20000 - 10000} \times \frac{20000 + 10000}{60000 + 40000} = 0.6$$

即在其他影响因素不变的条件下，消费者收入水平增长 1% 使该商品的需求量也增长 0.6%。

【案例 2-6】
需求收入点弹性的计算

假设某种商品的需求函数为：$Q_D = 50000 - 40P + 2I$，计算在 P = 1500 时，人均可支配收入 I = 10000 时的需求收入点弹性。

解：根据题意和已知条件，可以得出：

当 P = 1500，I = 10000 时，Q = 10000，$\dfrac{dQ}{dI} = 2$。

代入需求收入点弹性的计算公式：

$$E_I = \frac{I}{Q} \times \frac{dQ}{dI} = 2 \times \frac{10000}{10000} = 2$$

即在其他影响因素不变的条件下，消费者收入增长 1% 使得该商品的需求量增长 2%。

2. 需求收入弹性与商品档次之间的关系

如果随着消费者收入增加，消费者对商品的需求量也增加，则该商品的需求收入弹性大于零，即 $E_I > 0$，我们称这种商品为正常品。在正常品中，如果商品需求量增长幅度大于消费者收入增长幅度，则该商品的需求收入弹性大于 1，即 $E_I > 1$，我们称这类商品为奢侈品，如珠宝、高档服装等；如果商品需求量增长幅度小于或等于消费者收入增长幅度，则该商品的需求收入弹性大于 0 小于等于 1，即 $0 < E_I \leqslant 1$，我们称这类商品为必需品，如食品、医疗保健等。

如果随着消费者收入的增加，消费者对商品的需求量反而减少，则该商品的需求收入弹性小于零，即 $E_I < 0$，我们称这类商品为劣等品，如低档服装等。

恩格尔对需求和收入之间的关系进行了大量的研究，发现食物消费的增长率要低于消费者收入的增长率，即随着消费者收入的增加，食物支出占全部消费支出的比例会不断降低，这就是恩格尔定律。恩格尔定律可以用恩格尔系数来表示，即食物支出占全部消费支出的比例。恩格尔系数反映的是一个国家或地区的富裕程度和生活水平，一般说来，恩格尔系数越小，国民越富裕、生活水平越高；而恩格尔系数越大，国民越贫穷、生活水平越低。联合国根据恩格尔系数的大小，对世界各国的生活水平有一个划分标准，即一个国家平均家庭恩格尔系数大于 60% 为贫穷；50%~60% 为温饱；40%~50% 为小康；30%~40% 属于相对富裕；20%~30% 为富裕；20% 以下为极其富裕。需要指出的是，恩格尔定律仅在其他条件不变的情况下，特别是在商品价格不变的前提下才成立。

3. 需求收入弹性的应用

需求收入弹性是确定企业产品结构调整方向的重要依据。在经济繁荣时期，随着社会收入的增加，企业就应努力增加需求收入弹性较大的商品的产量，以期增加销售收入；对于需求收入弹性较小的生活必需品，可小幅度地增加产量，因为即使收入有较大增加，也不会大幅增加对生活必需品的需求量，而由于低档消费品需求量会下降，企业则应及时减少产量。在经济萧条阶段，随着社会收入的减少，高档品需求会迅速减少，故应及时减产；生活必需品也可略微减产；低档商品需求量会迅速增加，故应及时增产。

在前面关于弹性的讨论中，都是假定供给曲线和需求曲线在确定的位置，但在现实生活中，我们很难保持其他因素不变从而得到确定的点。那么，企业从哪里获得计算弹性所需的信息呢？拿超市举例，可以建立信息管理系统。那么收银员在扫描顾客所购商品时，就能将信息传递给后台数据部，决策人员再对这些数据进行分析发现人们对不同价格的反应。这些信息有助于企业提高需求无弹性的商品价格，降低需求富有弹性的商品价格。

（三）需求交叉弹性

1. 需求交叉弹性概述

一种商品的替代品或互补品的价格变动也会引起另一种商品的需求量的变动。由于竞争对手的商品有很强的替代性，因此，其商品价格的变动对该商品的需求量有多大程度的影响就是企业决策层关心的问题之一。我们常用需求交叉弹性来衡量一种商品的需求量对与其相关商品价格变动的反应程度。

· 需求交叉弹性 $E_{XY} = \dfrac{\text{一种商品的需求量变动百分比}}{\text{相关商品的价格变动百分比}} = \dfrac{\dfrac{\Delta Q_Y}{Q_Y}}{\dfrac{\Delta P_X}{P_X}}$　　　　(2-17)

需求交叉弹性的计算方法与需求价格弹性、需求收入弹性类似，可以用弧弹性和点弹性来计算，在此不再赘述。

2. 需求交叉弹性与两种商品之间的关系

如果需求交叉弹性大于零，则表示两种商品之间的关系是互相替代。因为当一种商品 X 价格上升时，则该种商品的需求量减少，而另一种商品 Y 的需求量增加，说明商品 Y 可以替代商品 X 的，它们互为替代品。

如果需求交叉弹性小于零，则表示两种商品之间的关系是互补的。因为当一种商品 X 价格上升时，该种商品需求量减少，而另一种商品 Y 的需求量也减少，说明商品 X 与商品 Y 为互补品。

如果需求交叉弹性等于零，则表示两种商品之间的关系是互相独立、互不相关的，是独立品。

3. 需求交叉弹性的应用

需求交叉弹性的大小决定了生产者之间竞争的激烈程度，因此，企业要根据需求交叉弹性来综合考虑替代品和互补品对企业经营决策的影响。通过对商品需求交叉弹性的分析，当某个企业的商品与别的企业的商品的需求交叉弹性大于零，说明这两种商品存在替代关系。这时，若替代品价格下降，则本企业产品的市场占有率会大受影响；若替代品价格上升，则可能给本企业带来发展机遇。特别是当需求交叉弹性很大时，说明这两家企业存在着激烈的竞争关系，该企业要警惕生产替代品的企业在质量、价格和销售诸方面的动向，以便制订相应的竞争策略。如果一家企业的商品与别的企业的商品的需求交叉弹性小于零，表明它的商品与别的企业商品是互补关系，这时，若互补品价格上升，会导致本企业产品销售不畅；若互补品价格下降，会刺激本企业的产品销售。因此，企业应当加强与互补品企业之间的联系和合作，走共同发展的道路。

【案例 2-7】

宝利来的销售策略

在 20 世纪八九十年代，一次成像的宝利来照相机曾风靡全球，它的股票还在纳斯达克上市。它利用一次成像的照相机和胶卷是一对互补品的特性来获得利润。照相机的需求价格弹性较大，若有了照相机，对胶卷的需求价格弹性就较低。因为两者之间存在这样的一个关系，照相机的价格就可以尽量定得较低，甚至可以低于成本价，以低价促销来拓宽市场份额。当人们购买了照相机后，胶卷就成了必然需求，而他们对胶卷的价格缺乏弹性，这时给胶卷定个高价格，来弥补销售照相机造成的损失。这个产品曾经非常成功，之后由于数码产品的推出而退出市场。

第三节　市场需求估计

企业要做出正确的经营决策就离不开对市场需求的正确估计。

——佚名

你可能常常会在去上班的途中被一个路人拦住，请您填写一份需求调查问卷。若时间充裕，可能会认真填写；若时间匆忙，可能就是随便在各选项中勾来勾去。殊不知，你正在为一家企业的决策提供建议。

市场需求估计的方法有两大类：一类是市场调查法，它通过市场调查，根据所取得的调查资料直接进行需求估计，包括访问调查法和市场试验法；另一类是统计分析法，它根据统计资料，用统计方法进行需求估计。通常情况下，这两类方法同时使用。

一、市场调查法

市场调查法就是通过市场调查，直接从消费者那里获得数据，并对数据进行分析，来估计产品的需求量与各个重要变量之间关系的一种方法。市场调查法通常有访问调查法和市场试验法两种。

（一）访问调查法

访问调查法就是将所要调查的项目，以面谈、电话、互联网或书信等形式向消费者提出询问，来估计产品的需求量与各个重要变量之间关系的一种方法。这种调查方法具有使用方便，所获得的信息能直接地反映消费者的态度。

为了使得访问调查法更加有效，从而准确地获得市场需求信息，应注意以下三点：一是精心准备调查提纲。进行市场调查之前，围绕影响消费者购买的主要因素（如年龄、教育程度、收入水平等），尽可能地了解消费者的消费倾向和购买意向。二是选择调查对象必须具有全面性和代表性。根据产品的特性选择适当的调查对象，只有具有全面性和代表性的调查对象，才能够保证调查不会出现较大的偏差。三是仔细鉴别调查结果。消费者回答的所有问题并不都是与其实际消费行为相一致的，特别是有些调查对象在调查中可能不会承认其对一些低档品有消费需求。

网络调查法是一个便捷、成本低廉的调查手段。某大型影剧院创建了一个影迷的数据库，存储了几十万名影迷的资料，这些资料包括影迷的联系方式、性格特点、爱好等。凭借这些资料，影剧院根据网络互动来了解他们买票的情况，并调查他们对各种电影的观后感及其爱好，取得了良好的效果。

显而易见，调查样本越多，所得到的数据就会越多，对需求所进行的估计也就越可靠。然而，样本越大意味着成本越大，因此，在选择访问调查样本大小时，必须考虑成本因素。

（二）市场试验法

市场试验法通常是在一定条件下进行的小规模实验，用来调查某种因素对市场需求量影响的一种方法。市场试验法一般包括模拟市场试验法和实际市场试验法。

模拟市场试验法通常是在模拟的市场中，通过有意改变影响商品需求量的因素，以观察这些因素的变动对消费者需求的影响。如企业开展新产品的体验活动、新产品的适销柜台等方式，在小范围内通过改变产品的价格、陈列方式、促销方式等了解消费者需求量的变化。

实际市场试验法通常是在实际的市场中，通过有意地改变影响商品需求量的因素，以观察这些因素的变动对消费者需求的影响。如企业可以在一个小的销售范围，通过改变产品的价格、促销活动等方式了解消费者需求量的变化。

市场试验法的最大优点是具有客观性，然而也存在明显的缺点，即费用昂贵和风险较大。如价格的频繁波动、包装的频繁改变等这些都有可能影响产品在消费者心目中的形象，产生负面效应。此外，市场试验法只是在短期内进行的，只能反映某种因素的变化对消费者短期消费行为的影响，而不能够反映这种因素的长期影响。因此，进行市场试验的代价可能是高昂的，尤其是可能会失去一些销售市场，这种方法不适用于中、长期的市场需求估计。

二、统计分析法

运用统计分析法进行需求估计所提供的信息一般会更为全面，而且成本通常比市场调查法要低得多。需求估计的统计分析方法有很多，其中最为重要的是回归分析法。运用回归分析法，可根据商品需求量和决定需求量的各种影响因素的历史数据资料，运用最小二乘法的基本原理，拟合出这些数据之间的曲线，从而最终确定需求函数。

运用回归分析法进行需求估计的一般步骤如下：

（一）确定自变量

采用回归分析法首先要确定影响某种产品的需求量的因素，在此称为自变量。一般来说，影响某种产品需求量的因素有很多，然而为了更加简便和抓住主要影响因素，在建立回归模型时，只找出影响这种产品的最主要的因素即可。但是要注意，如果在确定自变量的过程中，忽略了影响这种商品需求量的某个重要的自变量，有可能会导致回归分析结果的严重歪曲。

（二）搜集需求量与所选择自变量的数据

回归分析法需要利用商品需求量和决定需求量的各种影响因素的数据，并以此进行分析，因此，需要搜集需求量和所选择自变量的数据。搜集数据是整个统计估计过程中最为艰巨的任务。一般来说，所搜集数据越多越准确，则构造出来的模型也就越精准，反之，构造出来的模型就会比较差。但有时搜集数据不容易，而且经常会出现一些异常数据，这时就需要对数据加以修正后再使用。

（三）确定模型

搜集数据完成后，就需要选择需求量与所选择自变量之间回归方程的形式，这就是确定模型。一般来说，需求函数的回归方程的形式有两种：线性模型和指数模型。

1. 线性模型

线性模型的需求函数的一般表达式为：

$$Q = a + K_1X_1 + K_2X_2 + \cdots + K_NX_N \tag{2-18}$$

其中，X_1，X_2，$\cdots$，X_N 为各个自变量；a 为非零的正数；K_1，K_2，$\cdots$，K_N 为待估系数。

线性模型的优点在于比较简单，且易于估计，而且许多需求函数通常在一段时间内也是呈现出线性关系的。

2. 指数模型

指数模型的需求函数的一般表达式为：

$$Q = aX_1^{\beta_1} X_2^{\beta_2} \cdots X_N^{\beta_N} \tag{2-19}$$

其中，X_1，X_2，$\cdots$，X_N 为各个自变量；β_1，β_2，$\cdots$，β_N 为待估系数。

指数模型的优点在于它所反映的任何一个自变量对需求量的边际影响都是不同的，这种影响关系更加符合现实实际。而且，指数模型可以通过取对数很容易地转变成线性模型。

(四) 估计模型中待定系数

利用已搜集的数据，对回归模型中的待定系数进行估计，从而得到各个待定系数的估计值，最终构造出需求函数。在现代科技条件下，模型待定系数的估计和检验都可以用 Excel、Minitab、SPSS 等软件进行计算。

【案例 2-8】
统计分析法示例

某公司通过市场调研发现如表 2-5 所示的数据，数据表示的是某地 10 家超市的营业面积、员工人数与销售收入。

表 2-5 某公司调研数据

营业面积（平方米）(X₁)	员工人数（人）(X₂)	销售收入（万元）(Y)
300	10	90
450	12	110
280	15	110
500	16	170
400	5	95
510	18	168
720	6	172
350	10	118
580	12	144
740	15	224

利用 Excel 软件进行多元回归，可得以下结果（见表 2-6~表 2-8）：

表 2-6 回归统计

Multiple R	0.956667108
R Square	0.915211955
Adjusted R Square	0.890986799
标准误差	14.17513116
观测值	10

表 2-7 方差分析

	df	SS	MS	F	Significance F
回归分析	2	15182.3596	7591.179798	37.7794043	0.000177489
残差	7	1406.540404	200.9343434		
总计	9	16588.9			

表2-8 参数估计结果

	Coefficients	标准误差	t Stat	P-value	Lower 95%	Upper 95%
Intercept	-19.0219772	19.62467361	-0.969288845	0.364691502	-65.42695634	27.38300193
X Variable 1	0.227278409	0.029378626	7.736182461	0.000112841	0.157808998	0.296747819
X Variable 2	4.146765201	1.11111296	3.732082471	0.007338633	1.51940055	6.774129852

根据统计结果，可以得到如下回归方差：

$$Y = -19.0219772 + 0.227278409X_1 + 4.146765201X_2$$

从表2-6、表2-7和表2-8中可以得到各项检验值：

1. 拟合优度 R^2 检验

从表2-6可知，拟合优度检验 $R^2 = 0.915211955$，即 Y 的变化有91.52%能由回归方程解释。换句话说，R^2 值较大，说明因变量与自变量之间存在较强的相关性。

2. t 检验

从表2-8的分析结果可知，对变量 X_1 的估计值，在置信度为95%的情况下，自由度为 10 - 3 = 7，t 统计量为7.736182461，据查表可得 t 的临界值为1.895，由于7.736182461大于1.895，所以营业面积是一个影响销售收入的重要性变量。变量 X_2 在置信度为95%、自由度为7的情况下，t 统计量为3.732082471，也大于1.895，所以员工人数也是一个有显著重要性的变量。

3. P 值检验

从表2-8可知，X_1 估计值的 P 值为0.000112841，即有0.0112841%的概率会犯第 I 类错误——纳伪，显示出 X_1 与因变量有较强的相关性。同样，X_2 的估计值的 P 值为0.007338633，即有0.7338633%的概率犯第 I 类错误，显示出 X_2 与因变量也有较强的相关性。

4. F 检验

从表2-7可知，F 统计量为37.7794043，而在分子自由度为2，分母自由度为7时的临界值为4.74，F 统计量远远大于临界值，回归方程整体上具有显著性。

三、市场需求估计中的"陷阱"

在对市场需求进行估计时，存在着很多"陷阱"，为了能够避免掉入这些"陷阱"，需要注意以下几点。

第一，市场需求估计出来的需求函数是属于整个市场的，而不是单个企业的。一般来说，整个市场的需求并不是企业需求，除了垄断企业，企业的需求总是小于整个市场的需求。如果企业以整个市场的需求作为企业的需求，就会高估企业的需求，从而做出重大的经营决策失误。

第二，在市场调查法中，市场调查结果的可信度取决于调查方案设计的合理性、样本的代表性和被调查者反映的真实性等主要因素。如果这些因素在市场调查中并没有得到充分的应用，可能导致所得到的数据与现实之间存在重大的差异。而且，不同类型的数据可能隐含着不同的问题，从而导致分析中可能会遗漏一些重要因素。

第三，在统计分析法中，假设自变量之间是线性无关的，如果这个假设条件不成立，就会产生多重共线性的问题。而且，当误差项的方差不是常数时，会产生异方差问题。

第四，在采用数据时，若采用的随机误差项在时间上不具有独立性，还会产生自相关问题。

本章小结

企业生产的产品过多，会导致产品积压；企业生产的产品过少，会导致产品脱销。企业怎样才能做到既无库存积压又不致脱销呢？这就需要企业对产品的供求进行分析判断，采用适当方法估计市场需求，确定合理的产品产量，获取最大利润。

第三章　市场均衡

"阿凡达"疯狂不减

2010 年一部《阿凡达》在上映 5 天后，仍然热度不减。在影院门口还可看到很多"黄牛党"在倒卖《阿凡达》的电影票，晚上黄金场次 IMAX 3D 版《阿凡达》起价是 250 元，还不单卖。而这些 IMAX 3D 版《阿凡达》电影票的票面价仅 60 元，据倒卖《阿凡达》电影票的"黄牛"说，他们一张票至少能赚 190 元，一天的纯利润高达 1000 多元。

为了一部电影，影迷们不惜以远远高于票面价值的价格购买一张电影票，甚至天还没亮就到影院门口排队等待购票，待影院一开门，就蜂拥前去抢购当天或随后几天的电影票，当然，其中不乏"黄牛党"。这种场景还从未见到过。

面对黄牛党，影院也是束手无策。某影院有关负责人曾说："我们也不想看到'黄牛党'的身影，但我们影院不是执法部门，没有执法的权力。当然我们也不是完全置之不理。首先，我们和辖区派出所合作，出现'黄牛'炒票事件就立马报派出所，其次，我们也加强内部管理，严控'黄牛'炒票的出现。"另外一家影院负责人也说："面对'黄牛'，重中之重就是完善影院自身建设，我们以影迷的利益为出发点，不断打击'黄牛'炒票事件。影院也采取了多种手段，例如限制会员购票数量、认准'黄牛'不卖票、加强对影迷的宣传等措施。不过有些'黄牛'找人购票再到影院外兜售，令影院着实头疼。"

而北辰财富中心影院基本杜绝了"黄牛党",总经理田再兴表示:"首先,我们影院很早就意识到'黄牛党'带来的危害,为此,我们严控会员制度,一旦发现是'黄牛党'使用会员卡来购票再转售,我们就立即冻结该卡上的所有资金;其次,如果我们发现兑换券流入'黄牛党'手中,我们将通过编号直接冻结该兑换券,即使是'黄牛'已经把兑换券卖给了观众,观众也无法兑换电影票。"

资料来源:http://www.dzwww.com/rollnews/news/201001/t20100109_5418003.htm.

【案例启示】什么原因引发了票贩子的泛滥及影迷们一票难求的煎熬?怎么才能消除票贩子或者顾客排长队买票的苦恼?这都是市场不均衡造成的结果。通过本章市场均衡理论的学习,相信读者都会找到答案。

本章您将了解到:

● 市场均衡形成过程

● 市场均衡的变动情况

● 价格上限和价格下限

第一节   市场均衡概述

大海的表面很难保持平静,社会价值的均衡更是如此。它由供求决定:人为的或法律的东西,往往因为生产过剩和企业破产而反过来惩罚它们自己。

——拉尔夫·瓦尔多·爱默生

一、市场均衡的概念

市场机制集中反映了供求关系与价格变动之间相互作用与影响的对立统一关系。市场调节的实质就是价格调节，供给和需求是构成市场的两个基本要素，通过供求与价格的相互关系来分析市场机制，有利于了解市场运行规律，掌握市场变化趋势，提高企业经营决策水平。

到目前为止，我们一直孤立地考查供给和需求。我们知道供给量是生产者在每一个价格水平下愿意并有能力提供某种商品的数量。同样，需求量是消费者在每一个价格水平下愿意并有能力购买某种商品的数量。虽然供给量和需求量都受到价格的影响，但无论是供给还是需求都无法独立地决定价格，市场价格的决定依赖于供给与需求的共同作用。当我们把这两个方面放在一起时，实际上生产者和消费者的行为是相反的，即生产者提供的商品数量对商品价格的反应是同方向的，而消费者购买的商品数量对商品价格的反应是反方向的。如果同时考虑供给和需求，就可以得到市场均衡的概念。

市场均衡是指当供给等于需求时，所达到的均衡价格和均衡产量的状态。在市场均衡状态下，生产者愿意并且有能力提供的商品数量正好等于消费者愿意并且有能力购买的商品数量。

二、均衡价格和均衡产量

在市场中，供给反映了市场上卖者的行为，需求反映了市场上买者的行为，生产者和消费者行为的基本规律导致了市场均衡的出现。由于市场均衡是依赖于供给与需求的共同作用，当在某一价格上，生产者愿意并且有能力提供的商品数量与消费者愿意并且有能力购买的商品数量相等时，我们就说市场达到了均衡状态，此时市场的需求量等于供给量。市场达到均衡状态时的价格，称为均衡价格；达到均衡状态时的商品数量，称为均衡产量。

均衡价格 P_E 和均衡产量 Q_E 是供给曲线和需求曲线相交决定的，交点为均衡点 E（见图 3-1）。

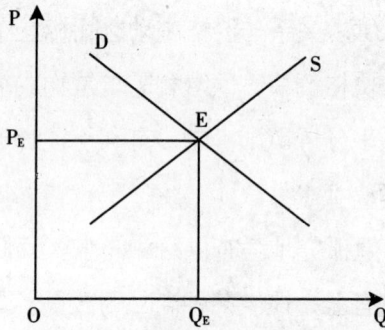

图 3-1　均衡价格和均衡产量

【案例 3-1】

均衡价格与产量的计算

假定某商品的需求曲线为 $Q_D = 10 - 2P$，供给曲线为 $Q_S = 2P - 6$，试问该商品的均衡价格和均衡产量分别是多少？

解：当市场均衡时，需求等于供给，即 $Q_S = Q_D$，则 $10 - 2P = 2P - 6$。

可解得 $P = 4$，代入需求函数或供给函数后，得 $Q = 2$。

所以，该商品的均衡价格是 4，均衡产量是 2。

三、市场均衡的形成

通常在市场机制有效运行的市场体系中，市场价格总是趋向于均衡价格，即当商品出现短缺或过剩时就会通过价格变化的市场机制而消除，短缺和过剩状态将不会长期存在。虽然，买者和卖者的行为会自动地使市场向均衡状态发展，但是，在现实生活中，并不是所有商品在市场上都能达到均衡状态，大部分商品可能都处于非均衡状态，这种状态称为市场非均衡。

市场非均衡是指市场中所出现的持续的短缺或剩余的状态。这时一般存在两种情况：超额供给和超额需求。

超额供给是指供给量超过需求量的情况。当商品价格高于市场均衡价格时，商品的供给量大于商品的需求量，市场上存在超额供给，卖者不能卖出他们想卖出的商品数量，此时，卖者会降低价格来增加需求量，降低供给量，商品价格有向市场均衡价格移动的趋势。

超额需求是指需求量超过供给量的情况。当商品价格低于市场均衡价格时，商品的需求量大于商品的供给量，市场上存在超额需求，需求者不能买到他们想买的商品数量，此时，卖者会利用商品短缺提高价格。由于价格上升，需求量就会减少，但供给量会增加，商品价格也有向市场均衡价格移动的趋势。

由上可知，市场上买卖双方的行为及其相互作用最终会将市场价格推向均衡价格。一旦市场达到均衡状态，需求和供给的市场力量就达到了平衡，所有的买者和卖者都会得到满足，从而也就不存在提高或降低价格的激励。经济学家称这种现象为供求定理，即通过商品价格的调整，市场最终会达到均衡状态。

需要注意的是：①这里分析均衡时，所使用的需求曲线和供给曲线是指整个行业的需求曲线和供给曲线；②这里所讨论的市场均衡是最基本和最简单的情形，也就是完全竞争市场的均衡，在其他市场如垄断和寡头，市场均衡情况会比较复杂；③上述市场均衡成立的另一个条件是非价格因素不变。消费者收入、偏好、对价格的预期、相关产品的价格等非价格需求因素不变，工资水平、生产技术水平等非价格供给影响因素不变。

第二节　市场均衡的变动

需求和供给，任何一个发生变动都会打破市场的均衡。

——佚名

前面我们分析了，在需求曲线和供给曲线不变的情况下，均衡价格和均衡产量将永远保持在一个固定位置，或者至少将持续一个相当长的时间。然而，当市场上的某些条件发生变化，导致需求曲线、供给曲线任何一方或两者同时发生变动时，市场上的均衡状态就会发生变化，从而形成一个新的均衡状态，这就是市场均衡的变动。根据需求曲线和供给曲线的变动情况，可以将市场均衡的变动分为以下三大类。

一、需求变化，供给不变

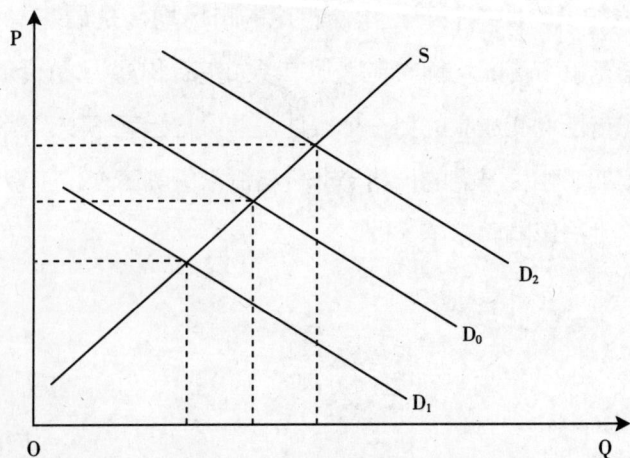

图 3-2　需求变化，供给不变对市场均衡的影响

假设原来市场的均衡状态为供给曲线 S 和需求曲线 D_0 的交点。从图 3-2 可以看出：供给曲线 S 不变，当需求曲线由 D_0 向左下移到 D_1 时，均衡价格和均衡产量均向下移动；供给曲线 S 不变，当需求曲线由 D_0 向右上移到 D_2 时，均衡价格和均衡产量均向上移动。

【案例 3-2】
需求变化、供给不变示例

如果场地租赁费降低，网球市场的均衡价格和数量会有怎样的变化？

图 3-3 中的 S 和 D 分别为网球市场最初的供给曲线和需求曲线，这时的均衡价格为每个球 1 美元，均衡数量为每月 4000 万个球。由于网球场和网球是互补品，若没有打球的场地，有网球也无处可用。当租用场地的费用降低时，人们就增加打网球的次数，相应增加了对网球的需求。因此，场地租赁费的减少使得网球需求曲线从 D 移动到 D′。

在图 3-3 中，需求曲线移动后，网球的新均衡价格为 1.40 美元，高于原来的均衡价格，新的均衡数量为每个月 5800 万个球，也高于原来的均衡数量。

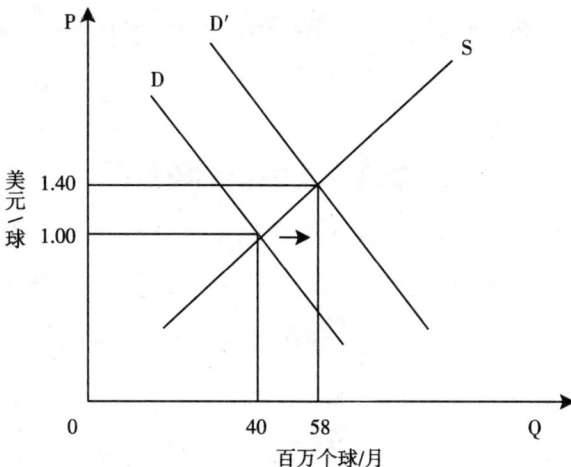

图 3-3　网球市场需求曲线的移动

二、供给变化，需求不变

假设原来市场的均衡状态为需求曲线 D 和供给曲线 S_0 的交点。从图 3-4 可以看出：需求曲线 D 不变，当供给曲线 S_0 向左上移动到 S_1 时，均衡价格上升，均衡产量下降；需求曲线 D 不变，当供给曲线 S_0 向右下移动到 S_2 时，均衡价格下降，均衡产量上升。

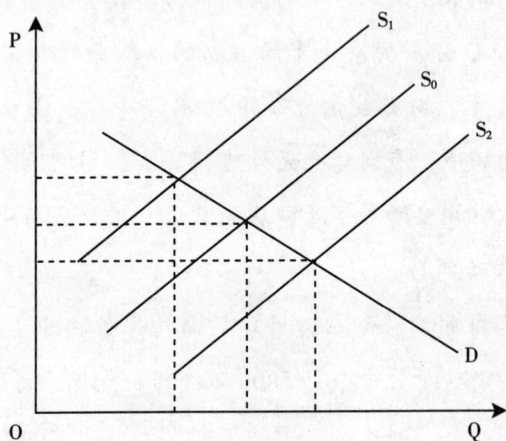

图 3-4 供给变化，需求不变对市场均衡的影响

【案例 3-3】

企业管理人员的供给与薪酬

如果一个社会所有的人都精通企业管理，那么经理人在这个社会就一文不名。因为可以作为企业管理人进行劳动力供给的人太多了，大大超过了社会所需要的极小部分的企业管理人员，这必然会造成经理人的薪酬低，跟供过于求导致价格下降是一个道理。若资深的经理人人数远小于社会所需要的，他们的薪酬就会飞涨，恰如鲁迅先生所讲的，"南方的卷心菜到了北京便'物以稀为贵'，再套上一根红绳子，就有了个美名'龙舌兰'"。

三、需求和供给同时变化

假设原来市场的均衡状态为需求曲线 D_0 和供给曲线 S_0 的交点。从图 3-5 中可以看出：当供给曲线和需求曲线同时发生移动时，不能确定均衡价格和均衡产量之间的变动，而需要根据它们变动的方向和相对幅度来进行确定。

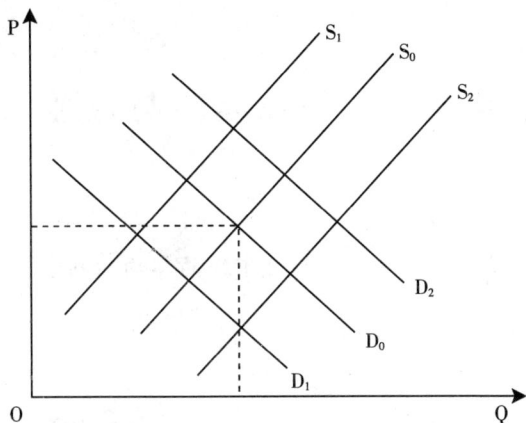

图 3-5　供给和需求同时发生变化对市场均衡的影响

【拓展阅读】

房价狂涨不降的原因

中国的房价问题一直是争执的热点，但争执了这么久，房价依旧是居高不下的态势。究其原因，主要有以下几方面：

（1）中国城市化进程的需要。中国用了 30 年时间解决了 2 亿农民城市化进程的问题，这样来算的话，中国要想提高城市化的进度，就必须以成倍增长的速度才有可能在未来的 20~30 年实现城市化率 65%~70% 的水平。而按照我国现在的住房供给，无法满足城市化的需求。所以，需要的住房数量不足，且目前的生产能力又无法满足条件，只有靠价格来调节。

（2）人口数量。中国城市家庭新增户数的速度远远快于每年市场上竣工的住房数，长期供不应求，造成房价持续上涨。

（3）成本因素。现今的物价在持续上涨，因而，土地价格、建筑材料、工人工资也在提高，最终造成房价的提高。

第三节　市场非均衡状态

对价格机制的直接或间接干预将导致市场的非均衡状态。

——佚名

现实生活中，市场上可能存在着对价格的干预，在此并不评价这种干预的有效性，但可以通过供给与需求曲线来分析这种干预所产生的经济影响。本节将对价格上限和价格下限两种市场非均衡状态进行分析。

一、价格上限

价格上限是指政府为了防止某些生活必需品的价格上涨而规定的低于该行业产品均衡价格的一种非市场价格。

假设不存在价格干预的情况下，该市场处于均衡状态，这时的均衡产量为 Q_E（见图 3-6）。从中可以看出，当政府设置价格上限时，这时价格上限对市场力量产生约束作用。即市场力量会使价格产生向均衡价格移动的趋势，但当市场价格到达价格上限时，由于政府的干预，价格就不能够继续上升，此时的市场价格等于价格上限。在价格上限的这一点，消费者对商品的需求量为 Q_D，而市场

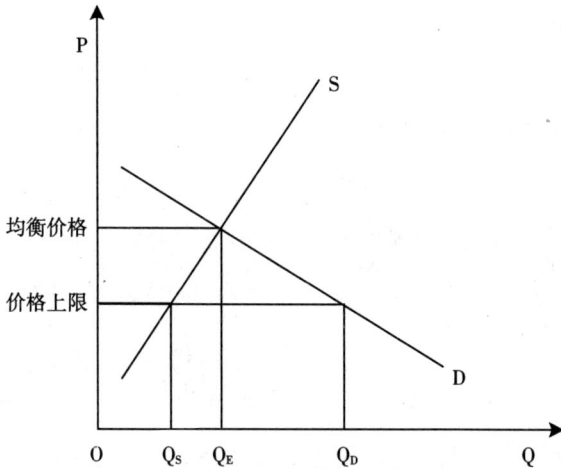

图3-6　价格上限

上的供应量为 Q_S，从而导致商品出现短缺，短缺量为 $Q_D - Q_S$，因此，价格上限引起市场短缺。

导致市场短缺的产生有两个方面的原因：一是在价格上限的价格处，生产者愿意生产的数量降低了，这时，消费者可以从生产者那里得到的商品数量从 Q_E 下降到 Q_S；二是在价格上限的价格处，消费者希望购买的商品数量增加了，从 Q_E 上升到 Q_D，结果是在价格上限处，没有足够的商品来满足所有消费者对这种商品的需求。

当政府制定的价格上限长期低于市场均衡价格时，就会对市场机制有效运行造成严重干扰，这时，消费者愿意购买的商品数量大于生产者愿意生产的商品数量，从而无法实现市场均衡。若市场长期处于非均衡状态，就会出现一系列非正常现象。

（一）商品持续短缺

由于均衡价格高于价格上限，从而使得商品的市场供给量小于市场需求量，商品将持续短缺。

（二）黑市交易

由于商品持续短缺，不能满足所有消费者的需求，必然有一部分消费者为了获得该商品而愿意支付高于价格上限的价格，从而就会带来黑市交易。

（三）产品质量和服务质量低劣

由于市场交易价格低于均衡价格，产品持续短缺，即使是低质量产品也有市场，厂商没有动力提高产品和服务质量，最终造成产品和服务质量趋于低劣。

（四）投资枯竭

由于市场交易价格低于均衡价格，从而使生产者盈利减少，导致现有厂家逐渐退出市场又无新进入者投资生产的局面，从而这一行业会出现投资枯竭的现象。

（五）排队购买

在价格上限政策下，还可能出现排队购买的现象。实际上排队是一种调节成本的方式，对于工作繁忙的人来说，排队的成本很高，而对于低收入者来说，排队成本很低，结果就会出现所谓的"黄牛"。

【拓展阅读】

排队经济学

"排队经济学"是在资源不足引起人们排队购买物品的情况下应运而生的。最常见的就是，在一些热门演唱会、球赛入口处，"黄牛党"随处可见，手中的票价高出正常票价几倍甚至几十倍。对于时间成本高的人来说，对排队就会有一种排斥心理，宁可出高价购买。而对低收入者来说，这其中的差价就是赶早排队的报酬。

资料来源：张诗河. 排队的"经济学"［J］. 创新科技，2005（10）.

（六）搭配销售

当短缺产品的最高限价低于均衡价格时，厂商就会把劣质而价格高的产品和短缺产品搭配销售，消费者为了获取短缺产品，不得不购买劣质而价格高的产品，这实际上是一种变相涨价。

尽管价格上限的目的是为了帮助消费者获得某种物品，但并不是所有的消费者都能从中受益，因此，价格上限一般只能在短期内使用，防止供不应求造成的物价飞涨，帮助市场渡过难关，而不能最终解决市场短缺问题。

二、价格下限

与价格上限的情况相反，价格下限是政府为了扶持某一行业的生产、保护生产者利益而规定的高于该行业产品均衡价格的一种非市场价格。

假设不存在价格干预的情况下，该市场处于均衡状态，这时的均衡产量为 Q_E（见图 3-7）。从中可以看出，当政府设置价格下限时，这时，价格下限对市场力量有约束作用。即市场力量使价格向均衡价格移动，但当市场价格到达价格下限时，由于政府的干预，价格就不能再下降了，此时的市场价格等于价格下限。在价格下限这一点，市场上愿意提供的商品数量为 Q_S，而这时消费者愿意购买的数量为 Q_D。这时就会出现剩余，剩余量为 $Q_S - Q_D$，因此，价格下限引起市场过剩。

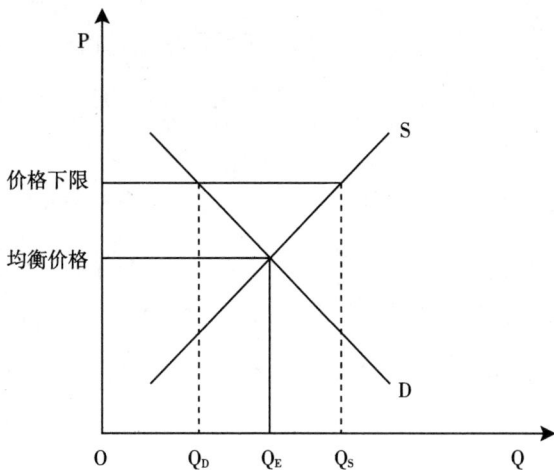

图 3-7　价格下限

该市场过剩的产生有两个方面的原因：一是在价格下限的价格处，生产者愿意生产的数量增加了，这时，消费者可以从生产者得到的商品数量从 Q_E 上升

到 Q_S；二是在价格上限的价格处，消费者愿意购买的商品的数量降低了，从 Q_E 下降到 Q_D，结果是在价格下限处，生产者愿意提供的商品数量超过了消费者的需求量。

当政府制定的价格下限长期高于市场均衡价格时，就会对市场机制有效运行造成严重干扰，这时，生产者愿意提供的商品数量大于消费者愿意购买的商品数量，从而无法实现市场均衡。若市场长期处于非均衡状态，就会出现一系列非正常现象。

（一）商品过剩

由于价格下限高于均衡价格，从而使供应量超过需求量，产品销售不出去，导致大量的商品过剩。

（二）过度投资

由于较高的价格下限向投资者传递了错误的信息，不仅保护了那些本来经营效率不高的企业，使它们能够继续地进行生产，而且也可能会吸引更多的企业进入该行业。

（三）财政负担

对于积压的商品，一般需要由政府对这些商品进行消化，从而造成政府需要花费大量的财政支出进行购买和存储，加大政府财政负担，而这些费用最终还是由纳税人承担。

（四）向消费者提供多余的服务

当商品出现过剩时，厂商为了清理存货，尽快售完产品，往往会给产品附加额外功能，向消费者提供多余的服务。如 20 世纪 80 年代美国航空公司曾受政府最低限价的管制，由于管制价格太高，造成航空业需求量不足，一些航空公司用高级饭菜来吸引顾客，而这些服务对大多数乘客来说都是多余的服务。

【案例 3-4】

天然气限价的一场争论

美国政府在对外贸易中对天然气实行最高限价问题一直是美国国会辩论最激烈的经济问题之一，关于是赞成还是反对的问题一直争论不休。最终的结果是，对天然气放宽管制的新法案获得通过并实施。

对天然气实行最高限价的反对者的基本论点是：这一限价低于均衡价格，如图 3-8 所示（P 为最高限价）。这种限价可能带来什么样的影响？那么允许天然气价格上涨有什么好处？

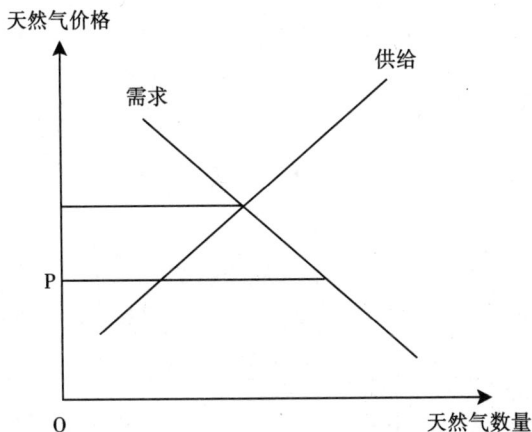

图 3-8　天然气的供求关系

许多赞成保持最高限价的人认为，天然气的供给价格弹性非常小。为什么他们把这种情况当作有力的证据呢？

对这两种观点的解释分别是：

（1）因为限制价格低于均衡价格，会加剧天然气的短缺，若要消除短缺，必须允许价格上涨，这可以通过石油生产企业增加产量，从而增加供给来达到；同时，天然气价格上涨，会使得消费者在天然气的使用上精打细算，把天然气用在更需要的地方、减少损失。这两个方面的结果，会导致需求下降，供给增加，价格不会持续上升，同时又维持了市场稳定。

（2）许多赞成保持最高限价的人认为，天然气供给曲线是弹性很低的，即使价格上涨，天然气供给量也不会明显上升。如果取消限价，价格会上升，消费者就要支付更多的钱去购买基本相同量的天然气。

当政府制定了一个低于均衡价格的最高限价时，消费者愿意购买的产品数超过了生产者愿意提供的产品数，将导致供给不足或需求过度。若政府设定了一个高于均衡价格的最低限价时，生产者愿意提供的产品数超过了消费者愿意购买的产品数，最终导致供给过剩或需求不足。

企业管理者为了能做出正确的决策，必须时时关注政府的相关政策和引起的经济变化，并能预测这些变化可能给市场带来的影响。

本章小结

市场均衡是指当供给等于需求时，所达到的均衡价格和均衡产量的状态。但是，现实中大部分商品都处于非均衡的状态。如商品房的非均衡就是让许多年轻人沦为"房奴"的重要原因之一。要合理解决市场的非均衡问题，需充分发挥政府的作用，采取积极的调控措施，调整商品市场供给结构。

第四章　生产函数

马尔萨斯观察与边际收益递减规律

马尔萨斯极为关注农业边际收益递减规律的后果。根据他的分析，在土地供给数量不变而人口不断增加的条件下，每增加一个生产者其能分得的耕作的土地数量就会减少，他们所能提供的额外产出就会下降；这样虽然食物总产出会不断增加，但是新增农民的边际产量会下降，因而社会范围内人均产量在下降。在马尔萨斯看来，世界人口增加的速度会快于食物供给增加的速度。因此，除非能够说服人们少要孩子（马尔萨斯并不相信人口可以由此得到控制），否则饥荒必然会发生。

在马尔萨斯生活的时代，工业化得到进步但尚未提供可以替代耕地的农业技术，这种技术能够大幅度提高单位耕地面积亩产，克服人多地少与食物生产边际收益递减的内在矛盾。从实证分析角度看，马尔萨斯的理论是以边际收益递减规律为基石，在研究特定时期的经济发展状况方面具有历史价值。换言之，如果没有现代替代耕地的农业技术出现和推广，如果不能从外部进口食物也不能向国外移民，英国和欧洲一些国家工业化确实会面临"马尔萨斯陷阱"所描述的困境。马尔萨斯观察暗含了农业技术不变与人均占有耕地面积下降这两点假设条件。如果实际历史和社会经济状况满足或接近这两个条件，"马尔萨斯陷阱"作为一个条件预测是有效的。例如，这一点对于认识中国经济史上某些现象具有分析意义。在我国几千年传统农业历史时期，农业技术在不断改进，但没有任何震惊世界的技术创造；同时，在和平稳定时期，人口增长比例大于耕地供应增加的比例。这样的结果是，人均耕地面积越来越小，劳动生产率和人均粮食产量难免下降。因此，可推测，基本的边际收益递减规律，加上其他一些因素（如制度因素导致的分配不平等、外族侵入等）影响，可能是我国几千年传统农业社会周期振荡的重要原因。

资料来源：卢锋. 经济学原理（中国版）[M]. 北京：北京大学出版社，2002.

【案例启示】 马尔萨斯结论作为一个无条件预言是错误的。近现代世界经济史告诉我们，过去 200 多年以来，农业科学技术不断取得突破性的进展，已完全不同于马尔萨斯生活时代的情况，也与他的推论暗含的假设条件完全相反。化肥、机械、电力和其他能源、生物技术等现代技术和要素投入，极大地提高了农业劳动生产率，使食品的增长率显著超过人口的增长速度。从历史事实看，马尔萨斯理论没有正确运用边际收益规律。本章通过对生产函数的学习，理解生产函数的相关概念，重点掌握在短期中如何实现单一可变要素的最大化，以及在长期中如何实现多种要素的最优组合。

本章您将了解到：

● 生产函数的分类

● 边际收益递减规律

● 两种或多种投入要素的最优组合

第一节　生产函数概述

企业从事生产，要产出产品或劳务，一定要有诸多投入，生产的核心就是把投入变成产出的过程。

——佚名

一、生产函数

生产是指企业将投入的各种生产要素转变成产出的过程。在生产过程中，企业扮演着将投入的各种生产要素组织起来转化为产出的重要角色。这些投入的生产要素包括土地、资本、劳动等。其中，土地是指那些处于自然的、未开发利用状态的土地；资本是指人们生产出来的能产生收益的资产，包括机器、设备、厂房等；劳动是指企业员工的全部体力和脑力活动的总和，是企业投入的诸多生产要素中最为活跃的要素。

上述定义的产出不仅包括生产的有形产品，还包括提供的无形服务。但生产的有形产品一般都比较具体，而提供的服务一般则比较难以测量和定义。因此，我们在分析企业的生产函数时，主要是企业用投入的各种生产要素生产的有形产品，而非提供的无形服务。

生产过程是将投入变为产出的过程，因而投入和产出之间必然存在着一种依存关系。在一定生产技术条件下，企业投入各种生产要素的投入量不同，其产量亦不相同，两者之间存在一一对应关系。在经济分析中，我们经常使用生产函数来描述商品的产出量与各种生产要素的投入量之间的对应关系。

生产函数是指在生产技术给定的条件下，各种生产要素组合的投入量与所能生产商品的最大产出量之间的对应关系。

在生产过程中，企业往往需要使用多种不同的投入要素，因此，广义的生产函数的一般表达式为：

$$Q = F(X、Y、Z\cdots) \tag{4-1}$$

其中，Q 代表商品的最大产出量；X、Y、Z…代表各种生产要素的投入量。

然而，为了简化分析，通常假定企业生产某种商品只使用两种生产要素：资本和劳动。这时，生产函数可以表达为：

$$Q = F(K、L) \tag{4-2}$$

其中，K 为所投入的资本；L 为所投入的劳动。

关于生产函数，需要注意以下两点：

（1）生产函数的产出量反映的是一定的生产要素组合所可能生产的最大的商品数量。也就是说，生产函数所反映的产出与投入之间的关系是以一切投入要素都被有效使用为前提的。

（2）生产函数总是在一定的生产技术条件下的生产函数。也就是说，当生产技术发生变化时，生产函数必然发生改变。而在给定生产技术的条件下，生产要素的投入量不同，商品的最大产出量也不同。

在经济学分析中，最常用的是柯布—道格拉斯生产函数，其一般表达式为：

$$Q = AK^\alpha L^\beta \tag{4-3}$$

其中，Q 代表产出量，A 代表技术系数，K 和 L 分别代表资本和劳动的投入量，α 和 β 分别代表为资本和劳动投入的贡献系数，即资本和劳动在生产中的相对重要性。此外，A、α、β 为常数，且 $0 < \alpha < 1$、$0 < \beta < 1$。

柯布—道格拉斯生产函数中的参数和的经济意义是：当 $\alpha + \beta = 1$ 时，α 和 β 分别表示劳动和资本在生产过程中的相对重要性，α 为劳动所得在总产量中所占的份额，β 为资本所得在总产量中所占的份额。使用此函数，还可判别企业的规模报酬情况。若 $\alpha + \beta = 1$，则表明规模报酬不变；若 $\alpha + \beta > 1$，则表明规模报酬递增；若 $\alpha + \beta < 1$，则表明规模报酬递减。

【拓展阅读】

劳动分工带来报酬增加

在《国富论》中，亚当·斯密用针厂的生产过程这个例子阐述了劳动分工带来的报酬增加。

第一个人把铁丝拉长，第二个人按规格把它拉直，第三个人把它切断，第四个人把它磨尖，第五个人专门负责抛光，以备安装针头。单是制针头就需要三道工序，把针头安上是另一项专门工作，再把它抛光又是一道工序，把针别在纸上也是单独一项工作。从而，制针这样一项重要工作被分割成了18 道不同的工序。

进行劳动分工后，一个工人每天能生产出上千根针。斯密推测如果让一个工人使用一台制针机制造针，他每天只能制造 20 根针。这一从 200 年前流传的故事说明了劳动分工和生产专业化的益处，提高了生产效率，降低了生产成本，至今仍在企业中得到广泛应用。

二、生产函数的分类

（一）不变投入要素和可变投入要素

在生产函数的分析中，按照考查期内所投入的生产要素是否具有可变性，可以将投入的各种各样的生产要素分为两大类：不变投入要素和可变投入要素。其中，不变投入要素是指在所考查的一段时期内，该种投入要素的投入量不会随着产出量的变动而发生变化，如机器、设备等生产要素都是不能迅速增加或减少的投入要素；可变投入要素是指在所考查的一段时期内，该种投入要素的投入量会随着产出量的变动而发生变化，如原材料、劳动等生产要素一般都是随着产出量的变化而变化。

虽然无论所考查的一段时期有多短，都没有绝对意义上的不变投入要素，但对于某些生产要素来说，在较短的时间对这些生产要素进行改变，往往需要支付很高的成本，因而它们总是固定的，从而可以称为不变投入要素。此外，某种投入要素是否可变与所考查的时期长短有关，但是时期的长短不是时间的物理概念，而是相对于具体的生产过程中投入要素是否发生了变化，对于不同性质的生产过程，时间长短的尺度可能是不一样的。如对于餐饮服务业来说，由于资本种类较少，技术要求比较低，从而使得改变生产规模可能只需要几个月的时间；而对于汽车制造业来说，由于所需资本较多，而且数量巨大，技术含量较高，从而使得改变生产规模可能需要两三年的时间。

（二）短期生产函数和长期生产函数

管理者在进行生产决策中往往受到很多因素的限制，其中一个重要的限制因素就是所投入生产要素的时间限制。在管理经济学中，根据考查期的长短，可以把生产函数分为短期生产函数和长期生产函数。

其中，短期生产函数是指企业在此期间内，只可改变一种要素的投入量，其他生产要素投入量保持不变。短期生产函数主要研究产出量与可变投入要素之间的关系，以便确定可变投入要素的最佳投入量，从而达到最大的产出量。

长期生产函数是指企业在此期间内，所有生产要素的投入量都可能发生变化，没有不变动的生产要素投入量。长期生产函数主要研究产出量与所有投入要素之间的关系，以确定多种可变投入要素之间投入量的最优化组合，从而达到最大的产出量。

【案例 4-1】

会算账的邮局

某邮局目前是用人工分拣信件，需 50 个工人才能完成 10 万封信件的分拣任务。在改革过程中想引进一台自动分拣机从事信件的自动分拣，它只需 1 人管理就行了，一天就可处理 10 万封信件，也就是实现了技术效率。

但是邮局又算了一笔账，买一台分拣机需要投资 400 万元，使用寿命是 10 年，每年折旧 40 万元，当时银行贷款利率 10%，邮局每年需支付利息 40 万元，再加上维护费用约 5 万元，这样使用自动分拣机的年成本将为 85 万元。

而现在共使用 50 名分拣工人，每人年薪为 1.5 万元，合计为 75 万元，再加上其他支出大约每年 5 万元，共计年支出成本 80 万元。显然继续使用工人进行信件分拣在经济上是合算的，也就是使用分拣实现了经济效率。经过如此比较后，该邮局决定放弃购买自动分拣机的想法。其好处还在于为更多的人提供了就业机会，这是符合我国国情的。

相对于人的无限需求来讲，物品总是稀缺的，这是无可厚非的。经理人员在日常经营中最需解决的难题就是，在既定的技术条件下，如何以最有效的方法把生产中的各种投入要素组合起来。

资料来源：http://jingji.100xuexi.com/.

（三）固定比例生产函数和可变比例生产函数

根据产品生产过程中生产要素的投入比例关系的不同，生产函数可以分为两种类型：固定比例生产函数和可变比例生产函数。

其中，固定比例生产函数是指在产品的生产过程中投入的各种生产要素之间的组合比例关系是固定不变的，彼此之间不可相互替代。如果要增加产量，则投入的生产要素必须同比例增加；反之，如果要减少产量，则投入的生产要素必须同比例减少。

可变比例生产函数是指在产品的生产过程中投入的各种生产要素之间的组合比例关系是可以变化的，彼此可以相互替代。如为了生产一定数量的某种商品，企业有两种生产方法可供采用，分别是多用劳动少用资本的劳动密集型生产方法和多用资本少用劳动的资本密集型生产方法。在现实生活中，大多数产品的生产都是属于可变比例生产函数的类型。

第二节　短期生产函数

短期生产理论解决的主要问题是固定要素和可变要素的最优配置。

——佚名

一、短期生产函数

短期生产函数表示在生产技术给定的条件下，商品的最大产出量与一定数量的不变投入要素和不同数量的可变投入要素之间的对应关系。

为了便于分析和理解短期生产函数的性质，我们仅考虑具有一种不变投入要素和一种可变投入要素这样一种最简单的情形。一般地，假定资本 K 是不变投入要素，其给定的数量为 K_0，而劳动 L 是可变投入要素，其投入量是可以变化的，则这种单一可变投入要素的短期生产函数可以表示为：

$$Q = F(K_0, L) \tag{4-4}$$

或更简单地表示为：

$$Q = F(L) \tag{4-5}$$

式（4-4）和式（4-5）表明，产出量 Q 是随着可变投入要素劳动 L 的变化而变化的，它反映了短期内可变投入要素与产量之间的物质数量关系。

二、总产量、平均产量和边际产量的关系

（一）总产量

总产量（Total Product, TP）是指一定数量的劳动投入能够得到的最大产量。即：

$$TP = Q = F(K_0, L) \tag{4-6}$$

（二）平均产量

平均产量（Average Product, AP）是指每一个单位的劳动投入量所生产的产品数量，它等于总产量除以为生产这一总产量所使用的劳动数量。即：

$$AP = \frac{Q}{L} \tag{4-7}$$

（三）边际产量

边际产量（Marginal Product, MP）是指增加一个单位的劳动投入量所带来

的总产量的增加量，它等于总产量的变化量除以劳动的变化量。

如果以 ΔQ 表示总产量的变化量，ΔL 表示劳动的变化量，则有：

$$MP = \frac{\Delta Q}{\Delta L} \tag{4-8}$$

其微分形式为：

$$MP = \frac{dQ}{dL} \tag{4-9}$$

总产量、平均产量和边际产量都是用来描述同一生产过程的，显然它们之间存在着密切的联系。为了便于理解它们之间的关系，把握变化规律，我们可以借助表格来进行分析。

表 4-1 列出了在不变投入要素资本 K 下，可变投入要素劳动 L 与各种产出量之间的数量关系。

表 4-1　总产量、平均产量和边际产量

资本 (K)	劳动 (L)	总产量 (TP)	平均产量 (AP)	边际产量 (MP)
10	0	0	0.0	0
10	1	6	6.0	6
10	2	14	7.0	8
10	3	27	9.0	13
10	4	44	11.0	17
10	5	55	11.0	11
10	6	63	10.5	8
10	7	63	9.0	0
10	8	56	7.0	−7

从表 4-1 可以看出，随着可变投入要素劳动的增加，总产量基本上是不断增加的，但总产量的增加并不是线性的，起初以较快的速度增加，随后以比较慢的速度增加，而且当可变投入要素的劳动数量增加到一定程度后，总产量开始逐渐减少。

大量实证研究告诉我们，短期生产函数具有以下特点：首先，总产量随着可变投入要素劳动数量的增加以递增的速度增加；其次，总产量随着可变投入要素劳动数量的增加以递减的速度增加并逐渐达到最大值；最后，总产量随着可变投入要素劳动数量的增加而开始减少。

根据这一基本特征和总产量与平均产量及边际产量之间的函数关系，我们不难画出总产量、平均产量和边际产量的关系图（见图4-1）。

在图4-1中，上半部为总产量TP曲线，下半部为平均产量AP曲线和边际产量MP曲线。

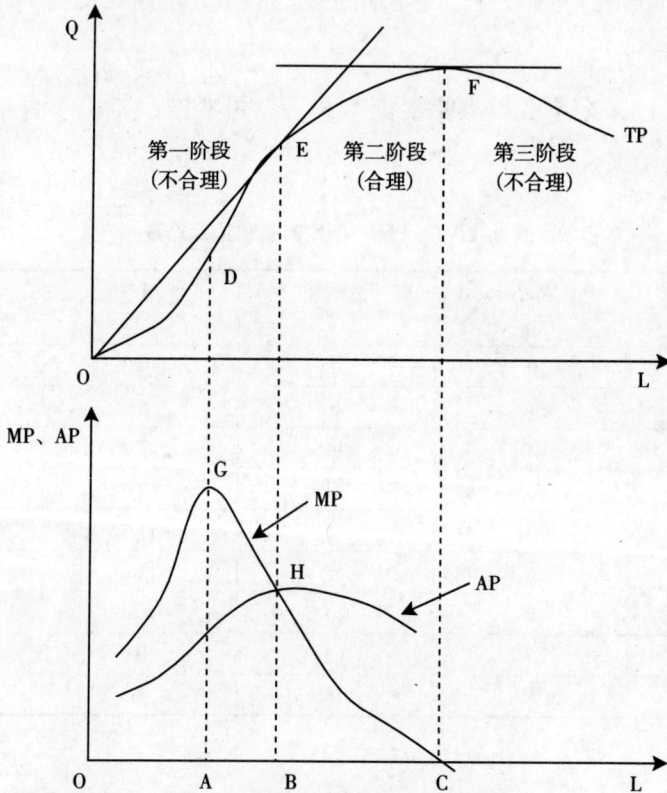

图4-1 总产量、平均产量与边际产量

资料来源：张一驰. 管理经济学 [M]. 北京：经济日报出版社，1997.

（四）总产量与边际产量的关系

由于边际产量是指增加一个单位的劳动投入量所带来的总产量的增加量，它等于总产量的变化量除以劳动的变化量，即 $MP = \dfrac{\Delta Q}{\Delta L}$，所以，短期生产函数上某点的切线斜率就是该点对应的劳动投入量增量引起的总产出的变化量，即边际产量。

从图 4-1 可以看出，在可变投入要素劳动投入的起始阶段，边际产量是不断递增的，这时对应的总产量曲线的切线斜率是正值且不断增加，因此，在可变投入要素劳动投入的初期，总产量曲线递增且下凸；当边际产量达到最大值时，该点所对应的总产量曲线上的点的斜率也达到最大值，从而该点（图 4-1 中的 D 点）为总产量曲线上的拐点，若继续增加可变投入要素劳动的投入量，边际产量开始逐渐减小，总产量曲线的切线斜率开始减小，从而总产量曲线虽然增加，但开始呈现上凸形状。当边际产量等于零时，总产量曲线的切线斜率为零，此时总产量达到最大值；若继续增加可变投入要素劳动的投入量，边际产量变为负值，对应的总产量曲线的斜率开始变为负值，总产量曲线开始下降。

综合上述，总产量和边际产量存在如下关系：

（1）当边际产量为正值时，总产量曲线呈上升趋势，此时增加可变投入要素劳动的投入量能使总产量增加。

（2）当边际产量为负值时，总产量曲线呈下降趋势，此时增加可变投入要素劳动的投入量反而使总产量减少。

（3）当边际产量为零（C 点）时，总产量达到最大值（F 点）。

（五）总产量和平均产量的关系

由于平均产量为总产量除以为生产这一总产量所使用的劳动数量，即 $AP = \dfrac{Q}{L}$，所以，在短期生产函数上，某点与原点的连线的斜率，就是该点对应的劳动投入量下的劳动平均产量。

从图 4-1 可以看出，总产量曲线上的 E 点和原点的连线斜率最大。且此时，平均产量等于边际产量，并且平均产量达到最大。

（六）边际产量与平均产量的关系

从图 4-1 还可以看出，当边际产量曲线位于平均产量曲线之上时，平均产量呈递增趋势；当边际产量位于平均产量之下时，平均产量呈递减趋势；当边际产量与平均产量相交时，平均产量达到最大值（图4-1中的H点）。总之，边际产量和平均产量呈现以下关系：

（1）当边际产量大于平均产量时，平均产量呈递增趋势。

（2）当边际产量小于平均产量时，平均产量呈递减趋势。

（3）当边际产量等于平均产量时，平均产量最大。

综上所述，对于短期生产函数来说，总产量、平均产量和边际产量存在如下特征：①随着可变投入要素投入量的不断增加，总产量、平均产量和边际产量最初都是增加的，但各自增加到一定程度后就分别递减。②平均产量和边际产量必定在平均产量曲线的最高点相交，且在两条曲线相交之前，平均产量曲线都是递增的，但低于边际产量曲线。相交之后，平均产量曲线开始递减，但高于边际产量曲线。③当边际产量增加时，总产量以递增的速度增加；当边际产量递减但大于零时，总产量的增加速度放缓；当边际产量为零时，总产量达到最大值；当边际产量为负数时，总产量绝对减少。

三、生产的三个阶段

根据总产量、平均产量、边际产量之间的变化特征，可以将短期生产函数划分为三个不同的生产阶段（见图4-1）。

第一阶段，可变投入要素劳动的投入量从O点到B点的范围。在这一阶段生产函数的特征是：边际产量先递增，然后递减，且一直高于平均产量。这时总产量和平均产量均呈上升趋势，从而使得平均产量一直增加，并逐渐达到最大值，而总产量起初以递增的比例增加，当边际产量达到最大之后，总产量开始以递减的比例增加。在这一阶段，相对于不变投入要素资本而言，可变投入要素劳动是不足的，因此，生产者只要增加可变投入要素劳动的投入量，就可以使不变投入要素资本得到更加充分的利用，从而增加总产量。

第二阶段，可变投入要素劳动的投入量从B点到C点的范围。这一阶段生产函数的特征是：边际产量开始递减，但仍为正值，使得总产量仍呈上升趋势。但由于边际产量小于平均产量，从而使平均产量开始呈下降趋势。在这一阶段，相对于不变投入要素资本而言，可变投入要素劳动投入量的增加可使总产量增加，但由于可变投入要素劳动已接近充分利用，因此，总产量的增加已经不像第一阶段增加得那么迅速了。

第三阶段，当可变投入要素劳动的投入量超过 C 点以后的范围。在这一阶段生产函数的特征是：边际产量为负值，总产量开始绝对减少。这意味着相对于不变投入要素资本而言，可变投入要素劳动的投入已经过剩，生产要素配合比例严重失调，生产率全面下滑，导致总产量开始出现负增长。

显然生产者不会在第三阶段组织生产，即它不会在该阶段增加可变投入要素劳动的投入量，因为在这一阶段，可变投入要素劳动的增加反而会使总产量绝对减少；此外，生产者也不会仅仅满足于在第一个阶段组织生产，因为在这一阶段，随着可变投入变量劳动的增加总产量是增加的，这意味着增加劳动的数量，还会使总产量增加。

一般来说，生产者会选择第二阶段来组织生产，在此生产阶段，生产者既可以得到由第一阶段增加可变要素投入所带来总产量增加的全部好处，又可以避免将可变要素投入增加到第三个阶段而带来总产量减少的不利影响。在经济学上，第二阶段即边际产量等于平均产量到边际产量为零的区间称为可变投入要素的合理投入区域。但对于生产者来说，具体选择哪一点进行生产，还要考虑可变投入要素的价格来进行确定。

四、单一可变投入要素的最优投入量

通过前面的分析可以推知，生产者会在生产的第二阶段来确定可变投入要素的投入量，但这一阶段却是一个区间范围，生产者如何在这一区间范围内确定具体的可变投入要素劳动的最优投入量呢？这就需要对这一问题进行进一步分析。

从企业的基本目标出发，所谓确定可变投入要素劳动的最优投入量，就是确定投入多少可变投入要素才能实现企业的基本目标。一般来说，企业的目标是为了实现利润的最大化，那么在短期生产函数中，就是要确定投入多少可变投入要素才可以实现企业利润最大化的目标。这时就涉及两个问题：一是增加一单位的可变投入要素所要花费的成本，即边际成本；二是增加一单位的可变投入要素所产生的收益，即边际收益。也就是比较可变投入要素的边际成本和边际收益的大小。

这里仍然以仅考虑只存在可变投入要素劳动的情况，对于其他仅存在一种可变投入要素的情况也可以如此分析。假定企业所生产的商品价格为 P，可变投入要素劳动的价格为 W。

这时，劳动的边际收益 MR_L 等于劳动的边际产量 MP_L 与商品价格 P 的乘积，即：

$$MR_L = MP_L \times P \tag{4-10}$$

而劳动投入的边际成本就是投入这种可变要素的价格，即：

$$MC_L = W \tag{4-11}$$

一般来说，可变投入要素劳动的最优投入量应遵循下面的原则：$MR_L = MC_L$，即劳动的边际收益等于边际成本。

这是因为：如果劳动的边际收益大于边际成本，即 $MR_L > MC_L$，这时再增加一个单位的可变投入要素劳动，还能增加企业的利润，从而并没有实现企业的利润最大化目标。

如果劳动的边际收益小于边际成本，即 $MR_L < MC_L$，这时再减少一个单位的可变投入要素劳动，还能增加企业利润，也没有实现企业的利润最大化目标。

只有当劳动的边际收益等于边际成本时，即 $MR_L = MC_L$，这时无论是增加还是减少一个单位的可变投入要素劳动的投入量都会降低企业的利润，从而在这一点上实现企业的利润最大化目标。

需要注意的是，这里假定其他条件不变，只有可变投入要素劳动可以发生变化时，确定劳动的最优投入量。进一步，在其他条件不变的情况下，资本的最优投入量的确定也完全类似。

根据以上分析可知，在短期生产函数中，在其他条件不变的情况下，对于任何单一可变投入要素最优投入量的确定，为了实现利润最大化目标，都应当遵循这一可变投入要素的边际收益等于边际成本的原则。

单一可变投入要素最优投入量的基本原则：MR = MC。

【案例 4-2】

最优投入量的计算

假设某企业的产量随着可变投入量劳动的变化而变化，且短期生产函数为：

$Q = 300L - 3L^2$

其中，Q 为每天的产量；L 为每天雇用的工人人数。

如果该企业产品价格为 10 元，劳动力价格为 60 元，则该企业的最优劳动投入量是多少？

解：根据题意和已知条件，可以得出：

劳动的边际产量 $MP_L = \dfrac{dQ}{dL} = 300 - 6L$

劳动的边际收益 $MR_L = MP_L \times P = 10 \times (300 - 6L)$

劳动的边际成本 $MC_L = 60$

根据可变投入要素最优投入量所遵循的基本原则：$MR_L = MC_L$，即：

$10 \times (300 - 6L) = 60$

求得：L = 49

即为了实现企业的利润最大化，该企业的最优劳动投入量为 49 名工人。

五、边际收益递减规律

从前面的分析可以看出，总产量和平均产量的变动与边际产量的变动存在着极为密切的关系。而对边际产量来说，存在着这样的规律，即在技术给定和其他生产要素不变的情况下，当一种可变投入要素的投入量小于某一特定值时，增加该种可变投入要素会带来边际产量递增；而当该种可变投入要素的投入量超过这个特定值时，再增加该种可变投入要素的投入量反而会使边际产量开始递减，这就是经济学上著名的边际收益递减规律。边际收益递减规律是从生产实践中总结出来的物质生产领域的基本规律，而不是从数理规律中推导和演绎出来的，事实上，在现实生活中，绝大多数的生产领域都存在边际收益递减规律。

生产领域出现边际收益递减规律的原因是什么呢？一般认为，在生产过程中，可变投入要素和不变投入要素之间存在一个最佳的组合比例。随着可变投入要素的不断增加，并逐渐达到甚至超过最佳组合比例时，就会使不变投入要素和可变投入要素的组合比例变得越来越不合理。当可变投入要素较少的时候，在特定的不变投入要素下，这时，生产要素的组合比例远远没有达到最佳状态，随着可变投入要素的增加，生产要素的组合比例就越来越接近最佳组合比例，可变投入要素的边际产量必然逐渐增加；一旦生产要素组合达到最佳的组合比例，可变投入要素的边际产量就会达到最大值；在此之后，再继续增加可变投入要素的投入量，就会使得生产要素的组合比例越来越偏离最佳组合比例，而可变投入要素的边际产量便开始呈现下降的趋势。

需要注意的是，边际收益递减规律发挥作用是需要一定条件的，当这些条件不能满足时，边际收益递减规律可能就不再适用。因此，对边际收益递减规律的理解应当注意以下问题：

（1）边际收益递减规律是以生产技术水平保持不变为前提的。如果生产技术水平取得进步，有可能出现保持某些生产要素固定不变，而增加一种可变生产要素反而出现递增的情况。

（2）边际收益递减规律是以其他生产要素保持不变，只有一种生产要素的变动为前提的。因此，边际收益递减规律仅适用于生产要素比例可变的生产函数，而不适用于固定比例的生产函数。

（3）随着可变投入要素投入量的增加，边际收益依次经过递增、递减乃至变为负数几个阶段。虽然初始阶段会出现边际收益递增现象，但这并不违背边际收益递减规律。边际收益递减规律强调的是，随着可变投入要素持续增加，最终会出现边际收益递减的趋势。

边际收益递减规律反映了投入和产出之间的客观关系，即可变要素投入量与产出量之间不一定是正相关关系，并不是任何投入都能带来最大的产出。在生产技术条件保持不变的情况下，生产要素的投入量必须依照最优比例进行组合，才能够充分发挥各生产要素的效率，而一味地追加某一可变投入要素的投入量，只能导致资源的浪费和效率的下降。对于企业来说，必须对生产要素的投入数量和组合比例进行分析，才能做出正确的生产决策。

【案例 4-3】

尊重经济规律带来的益处

"大跃进"是我国在 1958~1960 年发生的一种"跑步进入共产主义"的激进运动。而袁隆平则是我国著名的农业科学家，也是享誉世界的"杂交水稻之父"。杂交水稻这项技术因大幅度地提高了水稻的亩产量，而使得全世界的水稻产量都产生了前所未有的突破性进展。这两件事之所以能联系在一起，是因为它们都与经济学上的边际收益递减规律有关。

边际收益递减规律成立的前提条件是技术水平不变。在实际生产过程中，技术因素是否对产量产生了非同寻常的影响是与所要考察的时期长短有关。假设我们是在一个充分长的时期内考察某种产品的生产，那么技术进步的因素会发挥作用；而在一个短期内，假定技术水平保持不变可能更符合现实。根据边际收益递减规律，边际产量先递增后递减，递增是暂时的，而递减则是必然的。边际产量递增是生产要素发挥作用，生产效率提高的结果，而到一定程度之后边际产量递减，则是生产要素潜力耗尽，生产效率下降的原因所致。

由于"大跃进"时期，人们大多认为人定胜天，并错误地提出"人有多大胆，地有多高产"的口号。不遵循作物的生长规律，任意种植水稻，其结果必然是事倍功半，产量骤减。

按照边际收益递减规律，投入不断增加，产出会暂时增加，可最终结果是不断减少。我国从新中国成立以来，一方面人口翻了一番还多，另一方面可耕地面积一直在减少，然而改革开放以来，我国并没有出现所谓的"粮食危机"，这多亏了农业科技进步所发挥的作用。以袁隆平的事迹为例，为了提高水稻亩产量，他几十年如一日蹲在田间地头进行试验和研究，终于功夫不负有心人，将水稻种植技术推进到"杂交水稻"时代。

从"大跃进"运动到袁隆平的成就，给我们呈现了如何对待边际收益递减规律的正反两方面例证。在短期，我们必须尊重边际收益递减规律，确定合理的投入范围；但在长期，要鼓励技术创新，超越边际收益递减规律的限制，为人民谋取更大的福利。

资料来源：李仁君. 从"大跃进"到"杂交水稻之父"[J]. 海南日报，2003（6）.

第三节　长期生产函数

各要素之间的最优配置使得企业获得最适宜的产量。

——佚名

一、长期生产函数

在短期内，企业投入的生产要素中存在不变投入要素，因此，对产量的调整只能通过增加或减少可变投入要素的数量加以改变。而在长期内，企业所有投入的生产要素都是可变投入要素，因此，企业可以通过调整任何生产要素的投入量从而对产量进行调整。

长期生产函数反映了企业在长期内所有投入的生产要素都是可变投入要素的情况下，生产要素投入量和产出之间的对应关系。在长期生产函数中，由于全部投入的生产要素都是可变投入要素，而且通常多种投入要素之间往往是可以相互替代的，因此，就存在一个可变投入要素的最优组合的问题，即如何在成本一定的条件下，可变投入要素如何组合才能使产量最大，或者在产量一定的条件下，可变投入要素如何组合才能使成本最低。

为了简化分析，这里依然假设，企业在一定的技术条件下，只生产一种商品（产量为 Q），且生产该种商品只使用两种可变投入要素——资本 K 和劳动 L。

这时的长期生产函数可以表达为：

$$Q = F(K，L) \tag{4-12}$$

通过对只存在资本和劳动两个可变投入要素的最简单长期生产函数的分析，确定它们之间的最优组合，从而就可以把这样的研究结果推广到两种以上可变投入变量的情况。

二、等产量线和等成本线

为了找出长期生产函数的可变投入要素的最优组合，需要利用等产量线和等成本线。下面对等产量线和等成本线分别进行介绍。

（一）等产量线

等产量线是指在一定技术条件下，生产某一特定商品产量所需生产要素的各种可能组合点所形成的曲线。在等产量线上的各点代表所需投入要素的各种组合比例，且其中的每一种组合比例所能生产的产量都是相等的。如果生产某种商品涉及两种投入要素，分别是资本 K 和劳动 L，一般说来，资本和劳动有相互替代性，即当投入的资本增加后，为了保持产量不变，就要适当减少劳动的投入，反之亦然。

若以劳动 L 为横坐标，以资本 K 为纵坐标，则等产量线为向原点凸出的曲线（见图4-2）。

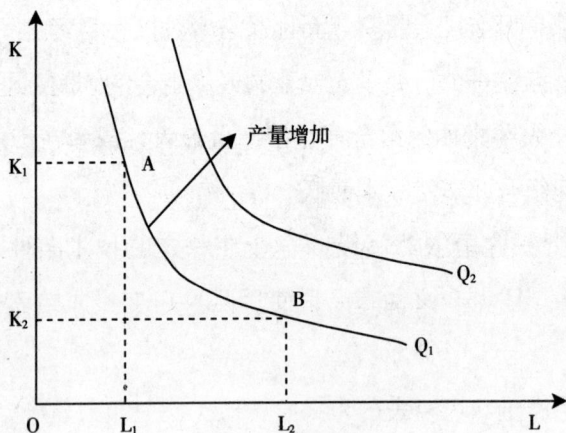

图 4-2 等产量线

在图 4-2 中，Q_1 和 Q_2 曲线是两个等产量线，分别表示在实现产量 Q_1 和 Q_2 的情况下可变投入要素资本和劳动之间的各种可能组合。

在等产量线 Q_1 上的 A 点和 B 点的产量都是 Q_1，其中 A 点对应的资本 K_1 和劳动 L_1 和 B 点对应的资本 K_2 和劳动 L_2 分别为生产 Q_1 产量所对应的可变投入要素资本和劳动的投入量的两种组合。

在图 4-2 中等产量线 Q_2 的位置高于等产量线 Q_1，这表示 Q_2 的产量大于 Q_1 的产量，即 $Q_2 > Q_1$。这是因为在一定的技术条件下，较大的投入量一般都会取得较高的产量，所以较高的等产量线一定代表较高的产量。而在图 4-2 中较高的等产量线 Q_2 上投入要素的资本 K 和劳动 L 投入量大于较低的等产量线 Q_1 上资本 K 和劳动 L 的投入量，所以，等产量线 Q_2 的产量大于等产量线 Q_1 的产量。

一般而言，等产量线具有以下基本特征：

1. 等产量线是由左上向右下倾斜的，其斜率一般为负值

通常来说，劳动和资本两种生产要素在一定范围内是可以相互替代的，因此，在一定的生产技术条件下，要保持等产量，一种可变投入要素投入量的增加是以另一种可变投入要素投入量的减少作为前提，即可变投入要素的投入量的变动方向是相反的，这样，等产量线就必须向右下方倾斜。

2. 等产量线有无数条，且任意两条等产量线互不相交

由于一条等产量线代表着一种产量水平，在产量水平可以无限细分的情况下，每一个细微的产量变化就代表着一条等产量线，因此，在同一平面上，有无数条的等产量线。与此同时，每一条等产量线都代表了获得一定产量所对应的一种投入要素组合，对于这一组合它要么与另一种组合相同，要么不同，从而对于任意两条等产量线来说，它们不可能相交，否则就会出现矛盾。

进一步分析，我们可以把在生产技术不变的条件下，为了维持同样的产量，两种可变投入要素之间的这种替代关系用边际技术替代率反映出来。所谓边际技术替代率（Marginal Rate of Technical Substitution，MRTS）是指在生产技术和产量既定的条件下，增加一个单位的某种可变投入要素可以替代另一种可变投入要素投入的数量。

从定义出发，边际技术替代率等于两种生产要素的变动量之比。从图 4-2 所示的等产量线可以看出，将劳动的投入量从 L_1 增加到 L_2，要维持 Q_1 这一既定产量，资本的投入量就必须从 K_1 减少到 K_2。则此时劳动 L 对资本 K 的边际技术替代率为：

$$MRTS_{LK} = -\frac{K_2 - K_1}{L_2 - L_1} = -\frac{\Delta K}{\Delta L} \tag{4-13}$$

若投入要素连续无限细分，当 $\Delta L \to 0$，则：

$$MRTS_{LK} = -\frac{dK}{dL} \tag{4-14}$$

由于可变投入要素劳动和资本变化的方向相反，为了方便说明，因此，添加了一个负号将其变为正值。

从以上分析可知，等产量曲线上某一点的边际技术替代率在数值上等于该点切线斜率的相反数。

根据等产量线的含义，一种可变投入要素的增加量必须与另一种投入要素的减少量相等。因此，假设可变投入要素劳动 L 的边际产量为 MP_L，可变投入要素资本 K 的边际产量为 MP_K，故有：

$$\Delta L \times MP_L = -\Delta K \times MP_K \tag{4-15}$$

可以转化为：

$$-\frac{\Delta K}{\Delta L} = \frac{MP_L}{MP_K} \tag{4-16}$$

由于等产量线上某一点的边际技术替代率为该点切线斜率的相反数，而该相反数又等于该点投入要素的边际产量之比，因此，等产量线上某一点劳动对资本的边际技术替代率也可以表示为：

$$MRTS_{LK} = \frac{MP_L}{MP_K} \tag{4-17}$$

即等产量线上某一点劳动对资本的边际技术替代率就等于该点劳动的边际产量与资本的边际产量之比。

一方面，根据边际收益递减规律，当一种投入要素如劳动 L 相对于另一种投入要素如资本 K 的量不断增加，劳动的边际产量 MP_L 就会逐渐减少，另一方面，由于资本不断被劳动替代，资本总使用量就在不断减少，相应地，资本的边际产量 MP_K 会逐渐增大，这样 MP_L 和 MP_K 的比值就会不断变小。由此可见，边际技术替代率是递减的，也就是说，随着可变投入要素 L 投入量的增加，增加一个单位劳动 L 所能替代的可变投入要素资本 K 的量会越来越小。

边际技术替代率递减的主要原因在于：任何一种产品的生产技术都要求有适当比例的生产要素投入量与之相配合，这也说明各生产要素的相互替代作用是有限制的。而只有凸向原点的等产量线才具有这种递减的特征，因此，等产量线是凸向原点的。

(二) 等成本线

等产量线说明了生产一定量的产出可以有不同的投入要素组合，那么这些投入要素如何组合才是最优组合呢？要想确定哪一种投入要素组合是最优组合还需要结合各种投入要素的成本，为此，在生产理论中，就需要引入等成本线的概念进行分析。

等成本线是指在既定的总成本和生产要素价格的条件下，生产者可以购买到的各种投入要素的投入量的最大可能组合点所形成的曲线。

假设企业生产某种商品需要两种投入要素，即资本 K 和劳动 L，且单位价格分别是 P_K 和 P_L。

在既定总成本为 C 时，等成本线方程为：

$$C = P_K \times K + P_L \times L \qquad\qquad (4-18)$$

可以转化为：

$$K = \frac{C}{P_K} - \frac{P_L}{P_K} \times L \qquad\qquad (4-19)$$

在以劳动 L 为横坐标、资本 K 为纵坐标的平面中，上述等成本线表现为一条直线（见图 4-3）。

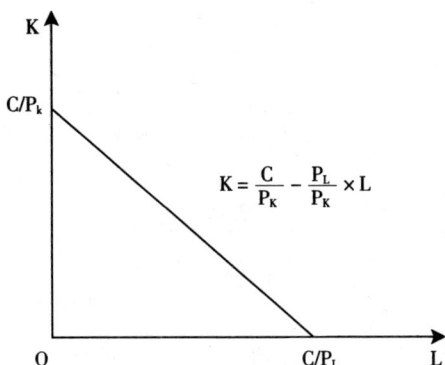

图 4-3 等成本线

在图 4-3 中，纵截距为 C/P_K，即当所有既定总成本全部用于购买可变投入要素资本 K 时可以购买的数量；横截距为 C/P_L，即当所有既定总成本全部用于可变投入要素劳动 L 时可以购买的数量；等成本线上的斜率为负，即两种投入要素价格之比为负值。显然，在投入要素的价格不变的前提下，如果总成本发生变化，等成本曲线仅发生平行位移。

在图 4-3 中，等成本线与两条坐标所围成的三角形区域，代表了在既定的总成本下生产者所能购买得起的投入要素组合的集合。其中，等成本线上的任意一点表示在生产者全部用完既定总成本下所能购买到的投入要素组合的集合；位于等成本线右上方的任意一点的投入要素的集合，则表示在既定总成本下无法实现的投入要素的集合；位于等成本线下方的任意一点的投入要素的集合，则表示在既定总成本下能够实现，且存在资金剩余的投入要素的集合。可以看出，由等成本线和两个坐标轴围成的三角区域决定了生产者在既定总成本下投入要素的数量的选择范围。

【案例 4-4】
等成本线方程的计算

假定总成本为 4000 元，只投入两种可变生产要素劳动 L 和资本 K，且它们的价格分别为 5 元和 20 元。则等成本线方程是什么？它们在 L 轴和 K 轴的截距分别是多少？斜率是多少？

解：根据题意和已知条件，可以得出：

等成本线为：$4000 = 5L + 20K$ 或 $K = 200 - 0.25L$

此时，L 轴的截距为 $4000 \div 5 = 800$，K 轴的截距为 $4000 \div 20 = 200$，斜率为 -0.25。

三、两种投入要素的最优组合

前面我们已经介绍了有关等产量线和等成本线的相关知识，那么生产者如何对投入要素进行最优组合呢？通常可以从以下两个方面来进行分析，即产量既定成本最小的最优要素组合和成本既定产量最大的最优要素组合。

（一）产量既定成本最小的最优要素组合

产量既定成本最小的最优要素组合是指生产者在生产某一既定产量的产品的各种生产要素组合中，能使总成本最小的那个要素组合。

我们可以通过图 4-4 来确定产量既定条件下的成本最小的要素组合。在图中有三条等成本线 C_1、C_2、C_3 和既定的等产量线 Q。显然，等成本线 C_1 的成本最小，但是在该成本下生产达不到既定的产量 Q；等成本线 C_3 所代表的成本完全能够生产出既定的等产量线 Q，但是生产的成本不是最小的。只有等产量线 Q 和等成本线 C_2 的切点 E 点才能达到既定产量条件下成本最小，所以该点为最优的投入要素组合点。

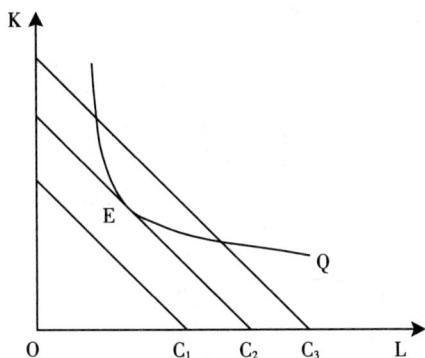

图 4-4　产量既定成本最小的要素组合

【拓展阅读】

我国停车计时器不被使用的原因

　　大多数的城市中心交通都很拥挤，为了规划城市建设，规定停车都需缴纳停车费。因此，可以将收取停车费这一劳务活动看成一项特殊的产品生产过程，它可以由人工收取费用，也可以使用停车计时器，可看作是劳动力和资本的不同投入组合方式。在欧美发达国家，通常采用停车计时器收费。而在我国，大多是由人工来收取停车费。经过仔细分析，这是符合经济学规律的。我国经济发展水平比较低，资本比较匮乏，相比之下，劳动力价格低。因此，应该在当前的技术条件下，用较多的劳动力代替资本。而在发达国家，资本充裕，劳动力成本高，就应该多利用资本代替劳动力。我国某城市曾花巨资从欧洲引进停车计时器安装在道路两旁，但收效不佳。因此，在劳动力价格很低的情况下，使用资本代替劳动力是不符合经济规律的。

（二）成本既定产量最大的最优要素组合

　　成本既定产量最大的最优要素组合是指生产者在一定总成本下购买生产要素的各种组合中，能够生产出最大产量的那个要素组合。

　　我们可以通过图 4-5 来确定成本既定条件下的产量最大的要素组合。在图中

有三条等产量线 Q_1、Q_2、Q_3 和既定的等成本线 C。显然，等产量线 Q_3 所代表的产量最大，但是在既定的成本 C 下无法实现；等产量线 Q_1 虽然在既定的成本 C 下能够实现，但是 Q_1 产量并不是最大。只有等成本线 C 和等产量线 Q_2 的切点 E 点才能达到既定成本条件下产量最大，所以该点为最优的投入要素组合点。

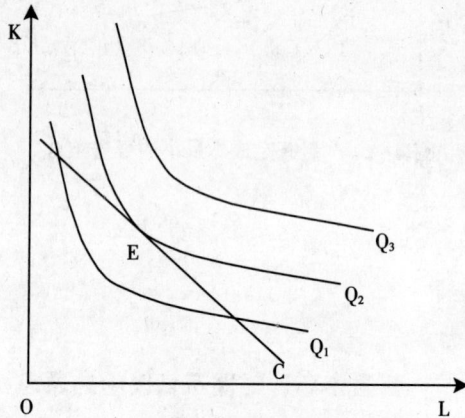

图 4-5 成本既定产量最大的要素组合

在以上的分析中，既定产量成本最小的最优要素组合和既定成本产量最大的最优要素组合所要求的条件是一致的，即既定的等产量线与一条最优的等成本线相切，或者既定的等成本线与一条最优的等产量线相切。

假设在该切点劳动的边际产量为 MP_L，资本的边际产量为 MP_K，劳动的价格 P_L 与资本的价格 P_K，那么等产量线在该切点的斜率为边际技术替代率，等于 $\frac{MP_L}{MP_K}$。同时该斜率又等于等成本线斜率的绝对值，即等于劳动的价格 P_L 与资本的价格 P_K 之比，即 $\frac{P_L}{P_K}$。

因此，在以上两种情况下，生产要素最优组合的条件可用以下公式表示：

$$MTRS_{LK} = \frac{MP_L}{MP_K} = \frac{P_L}{P_K} \tag{4-20}$$

或者

$$\frac{MP_L}{P_L} = \frac{MP_K}{P_K} \tag{4-21}$$

由此可见，生产要素最优组合状态的条件为：投入的任何两种生产要素的边际产量之比必须等于这两种生产要素的价格之比，或者一种生产要素的边际产量与其价格之比必须等于另一种要素的边际产量与其价格之比。

四、多种投入要素的最优组合

将上述两种投入要素最优组合的条件推广至多种投入要素的最优组合，就可以得出多种投入要素的最优组合的一般原则：在多种投入要素相结合以生产一种产品的情况下，当各种投入要素的边际产量与其价格之比都相互相等时，各种投入要素之间的组合比例最优。其数学表达式为：

$$\frac{MP_{X_1}}{P_{X_1}} = \frac{MP_{X_2}}{P_{X_2}} = \cdots = \frac{MP_{X_N}}{P_{X_N}} \tag{4-22}$$

式中，MP_{X_1}、$MP_{X_2}\cdots MP_{X_N}$ 分别是投入要素 X_1、$X_2\cdots X_N$ 的边际产量，P_{X_1}、$P_{X_2}\cdots P_{X_N}$ 分别是投入要素 X_1、$X_2\cdots X_N$ 的价格。

这一式子可以通过数学推理得到，在此不再赘述。

这个一般原则之所以成立的原因是：如果企业的成本支出用货币计量，这时如果各种投入要素每增加一元的投入所带来的产出量都不相等，那么企业会将资金从每一元边际产量较小的投入要素上转移到边际产量较大的投入要素上来，这样就能在既定的成本条件下带来更多的产量。既然有可能增加产量，就说明投入要素组合不是最优。所以可以得出结论，只有当所有投入要素多投入一元带来的边际产量相等时，才达到了最优的投入要素组合。

【案例 4-5】

投入要素的组合计算

假设某企业的等产量线方程为：$Q = K^{\alpha}L^{\beta}$。式中，K 为资本，L 为劳动，α、β 均为正常数。假定资本 K 的价格 P_K 与劳动 L 的价格 P_L。求在既定产量下资本 K 和劳动 L 如何组合才能使总成本最小？

解：根据题意和已知条件，可以得出两种投入要素的边际产量：

$$MP_L = \frac{dQ}{dL} = \frac{d(K^\alpha L^\beta)}{dL} = \beta K^\alpha L^{\beta-1}$$

$$MP_K = \frac{dQ}{dK} = \frac{d(K^\alpha L^\beta)}{dK} = \alpha K^{\alpha-1} L^\beta$$

根据既定产量成本最小的最优组合条件：$\dfrac{MP_L}{P_L} = \dfrac{MP_K}{P_K}$，可得：

$$\frac{\beta K^\alpha L^{\beta-1}}{P_L} = \frac{\alpha K^{\alpha-1} L^\beta}{P_K}$$

可转化为：

$$\frac{K}{L} = \frac{\alpha P_L}{\beta P_K}$$

所以，在既定产量下，当投入资本 K 和劳动 L 的比值等于 $\alpha P_L / \beta P_K$ 时，生产的总成本最小。

在前面的分析中，我们是以假设的生产要素的价格没有变动为条件的，那么生产要素的价格发生改变后会对要素最优组合产生什么样的影响呢？一般来说，在企业总固定成本不变的条件下，生产要素价格的变动会导致等成本线的变动，从而改变原有生产要素的最优组合比例。这时生产者就应当依据新的等成本线，运用生产要素最优组合的条件来进行生产决策。

五、生产扩张路线

如果生产要素的价格不变，而生产者的总成本变动，根据等成本线的特点，等成本线发生平行位移。为了充分利用所支出的成本，生产要素的最优组合点也会相应发生变化。

生产扩张路线是指在既定生产技术和生产要素价格的条件下，随着生产规模的扩大，投入要素最优组合比例的变化轨迹。

生产扩张路线可以分为长期生产扩张路线和短期生产扩张路线。

其中，长期生产扩张路线是指随着生产规模不断扩大，各种投入要素都是可变投入要素时，投入要素最优组合的变化轨迹。

短期生产扩张路线是指随着生产规模不断扩大，至少有一种投入要素的投入量保持不变时，投入要素最优组合的变化轨迹。

生产扩张路线可以用图 4-6 来进行说明。

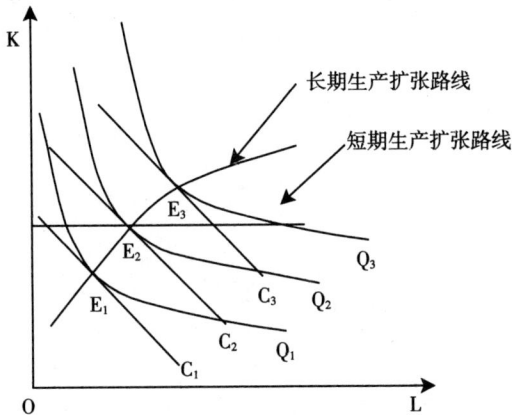

图 4-6　生产扩张路线

如图 4-6 所示，当等成本线为 C_1 时，等产量线 Q_1 与等成本线 C_1 的切点 E_1 为最优的要素组合点；当等成本线为 C_2 时，等产量线 Q_2 与等成本线 C_2 的切点 E_2 为最优的要素组合点；当等成本线为 C_3 时，等产量线 Q_3 与等成本线 C_3 的切点 E_3 为最优的要素组合点。可见，生产者总成本每变动一次，生产要素的最优组合点就会发生一次变化。将这些最优的组合点连接起来所形成的曲线就是长期生产扩张路线。

对于短期生产扩张路线，在这里假设资本 K 固定不变，那么为了实现生产规模的扩大，只能增加劳动 L 的投入量，这时短期的生产扩张路线就是固定资本线与等产量线的交点的轨迹。需要注意的是，除了产量 Q_2 外，短期生产扩张路线在各种产量水平上，短期成本要高于长期成本。

本章小结

　　高投入是否就能带来高产出？高产出是否就一定能获取高收益？其实不然，这就是边际收益递减规律在发挥作用。企业在生产过程中不能忽视边际收益递减这一客观规律，应在生产的三个阶段确定合适的生产区间和适当的生产规模，尽量在保持规模递增的阶段生产，获取最大效益。

第五章　成本理论与成本函数分析

索尼使用成本曲线确定收音机价格

2005 年，索尼的管理层发生了重大变化，董事会任命霍华德·斯金格为董事长兼 CEO，公司也是首次任命外国人为公司董事长和 CEO。索尼的总部在东京，称得上是电子产品市场的领头羊，生产电视机、电脑、卫星系统、半导体、电话、LCD 等多种产品。在一项对高层经理和商业分析师所做的调查中，索尼的受尊重程度在美国以外企业中排名第三，仅次于芬兰的手机制造商诺基亚和日本的丰田。2005 年索尼的员工总数达到 16 万名，收入为 720 亿美元。索尼创立于 1945 年，创业初期也是一家很小的公司，而它早期的成功主要归功于两位年轻企业家盛田昭夫和井深大的远见。索尼的第一台产品为电饭锅，之后，盛田昭夫和井深大决定生产电子设备，生产的收音机获得了比较大的成功。

1953 年，索尼购买了美国西部电气公司的贝尔实验室开发的晶体管技术的使用许可权，并使用这种技术开发了一种袖珍式收音机，其体积在当时是最小的。1955 年，索尼主席盛田想说服一家美国商店经销索尼的收音机。盛田提出以 29.95 美元的价格销售给该商店 5000 台收音机，若商店需要更多的收音机，价格会相应进行调整。

盛田后来这样描述自己的决策过程：我坐下来，画了一条有点斜的"U"形曲线。产量为 5000 台时，价格为正常价格，对应于曲线的左半边某点；如果产量为 1 万台，价格会下降，降至曲线的底部；而如果是 3 万台，则价格会上升；如果为 5 万台时，价格将高于 5000 台的价格；如果为 10 万台，价格则高高在上。

为什么盛田提出的价格与产量的关系会是"U"形呢？因为索尼生产收音机的平均成本曲线也是"U"形的。平均成本曲线反映了产量与平均成本之间的关系，一般情况下都是"U"形的。在本章我们学习成本理论时，将会了解到为什么平均成本曲线是"U"形的。

资料来源：格伦·哈伯德，安东尼·奥布莱恩. 经济学（微观部分）[M]. 北京：机械工业出版社，2005.

【案例启示】 如今，索尼已经成为世界上最大的电子产品制造商之一，但在它还处于创业期的时候，盛田昭夫就使用一种简单的经济工具即平均成本曲线，来做出重大的经济决策，从而为企业带来了巨大的经济利润。由此可见，成本最小化与企业利润最大化的经济目标是一致的。

本章您将了解到：

● 成本的基本概念

● 短期和长期的各种成本函数

● 规模经济、范围经济、学习曲线

第一节 成本概念

古语有云：营利在本。

——谚语

正确认识和理解成本的概念是进行成本函数分析的前提和基础。一般来说，成本通常被看成是生产者为了获得各种要素资源所付出的代价，而在现实生活中有关成本的概念有很多，从不同的角度就会得到不同的成本概念，因此，在对成本函数进行分析时，就有必要对经济学上有关成本的概念进行分析。

一、增量成本与沉没成本

增量成本是指由于做出某一特定决策而引起的全部成本的增加量。如假设某生产者做出决策前的成本为 C_1，做出决策后的成本为 C_2，那么增量成本就是 $C_2 - C_1$。增量成本强调的是，生产者因做出某一项特定决策而引起的成本的变化，如果有的成本不因某项决策而发生变化，那么这种成本就不属于增量成本，而是沉没成本。

沉没成本是指由于过去的决策已经支出的成本，或是根据协议将来必须支出的成本，这是已经发生且又无法收回的费用。如购买投入要素的支出，或者根据长期租约将来必须支付的长期租金都属于沉没成本。一般来说，沉没成本是与现在或将要作出的决策无关的成本，因此，在企业决策时应不予考虑。

在企业决策中，增量成本属于相关成本，是在决策时必须充分考虑的；而沉没成本属于非相关成本，是在决策时不予考虑的。因此，在运用增量成本和沉没成本进行决策时，应当只考虑增量成本，而不考虑沉没成本。对于是否采用某一决策方案，应当把增量成本与增量收益相比较（增量收益是指因做出某一决策而引起的总收益的变化），如果增量收益大于增量成本，则这一决策方案是可以接受的，否则就是不可接受的。

【案例 5–1】

中航集团 MD90 项目下马引争论

中国航空工业第一集团公司与美国麦道公司于 1992 年签订合同，合作生产 MD90 干线飞机。1997 年项目全面展开，1999 年双方合作制造的首架飞机成功试飞，2000 年第二架飞机再次成功试飞，并且两架飞机很快取得美国联邦航空局颁发的单机适航证。这显示中国飞机制造技术已取得了显著进步，并能够进行小批量生产。

然而就在 2000 年 8 月该公司决定今后民用飞机不再发展干线飞机，而转向发展支线飞机，MD90 项目下马了。这一决策顿时引来了激烈争论。很多人反对干线飞机项目下马的一个重要理由是，该项目已经投入数十亿元巨资，耗时六载，在终将收获硕果的时候放弃代价太大。

其实不管该项目已经投入了多少人力、物力、财力，对于是继续发展还是放弃该项目而言，其实都是无法挽回的沉没成本。事实上，干线项目下马完全是由于未来预期悲观的原因造成。从销路看，原打算生产 150 架飞机，到 1992 年首次签约时定为 40 架，后又于 1994 年降至 20 架，并约定由中方认购。但民航只同意购买 5 架，其余 15 架没有找到买家。因此，在没有市场的情况下，下马在此情此景下是最明智和合理的决定。

在现实经济中，巨大的沉没成本总是令投资者进退两难。企业决策者在制定未来计划时，应不予考虑沉没成本，而衡量其增量成本，比较增量收益与增量成本孰大孰小。

资料来源：http：//www.qnr.cn/Constructs/zhi/zhidao/200806/60075.html.

二、会计成本和机会成本

会计成本是会计学意义上的一种成本概念，也是企业日常所说的成本概念。它是企业在生产活动中按照市场价格直接支付的一切费用，即企业在经营时所发生的各项货币支出。会计成本一般都可以在会计账目看出来，是会计人员记录下来的限定在成本项目的直接费用。如工人的工资、原材料的费用、土地或厂房的租金以及广告费等。会计成本作为一种历史成本，反映了企业在过去的实际成本支出，不代表未来的生产成本，而且不能完全反映企业经营中的实际代价，因此，在决策时还要进一步考虑机会成本。

与会计成本不同，机会成本是指既定的生产要素被用于某一特定用途而放弃的、用于其他用途时可能获得的最大收益。由此可见，机会成本通常产生的不是实实在在的成本，而是人们在对资源用途做选择时产生的一种观念上的成本。机会成本通常是建立在多种可供选择方案的基础上的，企业选择了某一种方案后，应当将其余诸多方案中可能获得的最大收益记为机会成本。

机会成本的概念告诉我们，企业在进行经营决策时，不能只考虑当期所获收益的大小，而必须考虑做出这种选择将会损失的收益大小。在多种可供选择方案的基础上，企业只有将其资源投入到最有利的用途中，才能获得最大利润，因此，在企业制定决策时，必须充分考虑机会成本。

【案例 5-2】
机会成本的计算

某企业拥有一定数量的资本和劳动等资源，且这些资源全部可以用于生产甲、乙、丙三类产品，预期资源全部用于生产甲、乙、丙三类产品的总收益分别是 180 万元、150 万元和 100 万元。求这三种方案的机会成本且哪个方案最优？

解：根据机会成本的定义可知：

生产甲产品的机会成本为 150 万元，生产乙、丙产品的机会成本为 180 万元。

由于生产甲产品的机会成本最小，所以，生产甲产品的方案最优。

在上述例子中，生产者能够明确地知道生产各种产品的收益，可以直接进行选择，而不需要间接根据机会成本来进行决策。但在现实生活中，涉及多种可供选择方案时，人们通常只注意所采用方案实际造成的成本，而往往忽视放弃未采用方案的代价，这是因为未采用方案并未成为现实，从而使得对这一未采用方案优劣的评判变得十分困难。虽然有些时候，我们并不能够明确未采用方案的机会成本，但是机会成本的概念仍然有助于管理者关注可能被其忽略的成本因素。

第二节 成本函数

你们谁想建造一座塔，为何不先坐下来计算一下成本，看看是否有足够的钱来完成它？

——路加福音

成本函数反映的是在既定生产技术条件下，成本与产量之间的对应关系。与生产函数一样，成本函数也可以分为短期成本函数和长期成本函数。

一、短期成本函数

（一）短期成本函数概述

短期成本函数反映的是在短期内成本和产量之间的对应关系。通常可用以下公式表示：

$$C = F(Q) \tag{5-1}$$

这里的短期是指在一个既定的生产期间内，在各种投入要素中，至少有一种投入要素是固定不变的，而其他投入要素则随着产量的变化而发生变化。

由上述内容可以看出，在短期内，企业的全部成本可分为固定成本和可变成本两部分。

1. 固定成本

固定成本（Fixed Cost，FC）是指在一定的产量范围内，不随产量的变动而变动的成本，数额保持不变。如厂房和机器设备等，这些要素都是企业在短期内不可调整和改变的，其费用是相对固定的。由于固定成本不随着产量的变化而变化，因此，在成本函数中表现为一个常数。

2. 可变成本

可变成本（Variable Cost，VC）是指在一定的产量范围内，随着产量的变动而变动的成本。如企业为了生产某种商品所使用的原材料，当增加产量时必然会消耗更多的原材料。这些要素都是企业在短期内可以调整和改变的，其费用是相对可变的。

3. 总成本

总成本（Total Cost，TC）是指生产者为生产一定产量的固定成本和可变成本的总和。

通常来说，在短期内，企业的总成本等于该期内的总固定成本和总可变成本之和。可用以下公式表示：

$$STC = TFC + TVC \tag{5-2}$$

其中，STC 为短期总成本；TFC 为短期内总固定成本；TVC 为短期内总可变成本。

在短期内，企业的总成本、总固定成本和总可变成本的关系如图 5-1 所示。

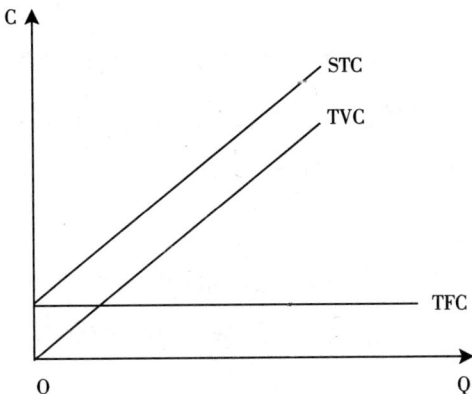

图 5-1　总成本、总固定成本和总可变成本之间的关系

（二）各种平均成本与边际成本

1. 各种平均成本

平均成本是指企业生产每单位产品所要支付的费用。在短期生产函数中，根据总成本的构成，可将平均成本分为平均固定成本、平均可变成本和平均总成本。

根据上述各种成本，可以推导出这些平均成本：

$$平均固定成本（AFC）= \frac{总固定成本}{产量} = \frac{TFC}{Q} \tag{5-3}$$

$$平均可变成本（AVC）= \frac{总可变成本}{产量} = \frac{TVC}{Q} \tag{5-4}$$

$$平均总成本（ATC）= \frac{总成本}{产量} = \frac{STC}{Q} = AFC + AVC \tag{5-5}$$

平均固定成本、平均可变成本和平均总成本的关系如图 5-2 所示。

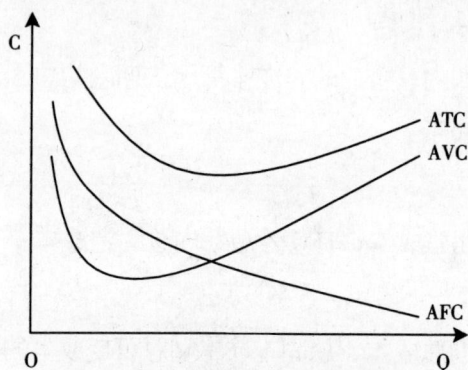

图 5-2　各种平均成本之间的关系

由于平均固定成本等于总固定成本除以产量，而固定成本总是保持不变，因此，随着产量的增加，每一单位产量所分摊的固定成本也就越小。即平均固定成本总是随着产量的增加而递减。在图形上表现为由左上方向右下方逐渐接近横轴的渐近线。

平均可变成本的变化趋势与边际报酬递减规律相关，即当产量水平较低时，平均可变成本随产量的增加而递减，当产量超过一定水平后，平均可变成本会随着产量的增加而增加。

平均总成本等于平均固定成本与平均可变成本之和，平均总成本和平均可变成本在图形上基本相同。但是由于平均固定成本随着产量的增加逐渐减少，所以，随着产量的增加，平均总成本和平均可变成本就会越接近。

2. 边际成本

边际成本是在既定的产量水平下，每增加或减少一个单位的产量而引起的总成本的变化。

$$边际成本（MC）= \frac{总成本的变化量}{产量的变化量} = \frac{\Delta STC}{\Delta Q} = \frac{\Delta VC}{\Delta Q} \qquad (5-6)$$

边际成本和各种平均成本之间的关系如图 5-3 所示。

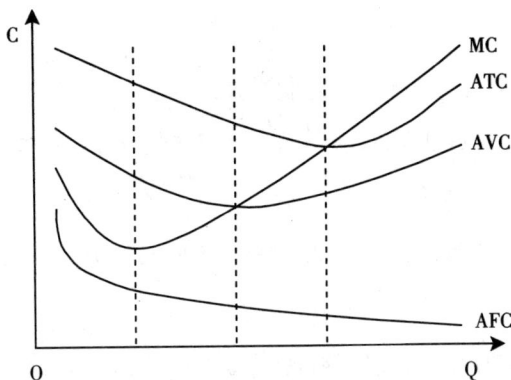

图 5-3　边际成本和各种平均成本之间的关系

边际成本与平均可变成本的关系：边际成本低于平均可变成本时，平均可变成本呈下降趋势；边际成本高于平均可变成本时，平均可变成本呈上升趋势；边际成本等于平均可变成本时，平均可变成本最低。即：边际成本和平均可变成本相交于平均可变成本的最低点。

边际成本与平均总成本的关系：边际成本低于平均总成本时，平均总成本呈递减趋势；边际成本高于平均总成本时，平均总成本呈递增趋势；边际成本等于平均总成本时，平均总成本最低。即：边际成本和平均总成本曲线相交于平均总成本的最低点。

平均总成本是平均可变成本与平均固定成本之和，而平均固定成本曲线呈下降趋势，所以，当总产量增加时，平均总成本曲线与平均可变成本曲线之间的垂直距离不断减少。因为平均总成本大于平均可变成本，所以边际成本曲线先通过平均可变成本的最低点，再通过平均总成本的最低点。

【拓展阅读】

大型商场在"黄金周"延长营业时间的背后真相

一般说来,商家延长 1 小时营业时间,就要多支付 1 小时所耗费的成本,这包括直接的物质消耗以及售货员的加班费,这增加的成本就是边际成本。如果延长 1 小时营业时间增加的成本是 5 万元,而在这 1 小时里增加的收益大于 5 万元,那么商家就有利可图,可在此基础上延长营业时间。若在延长的 1 小时营业时间里增加的收益不足 5 万元,那么商家在不考虑其他因素的情况下就应该取消延时经营。

"黄金周",人们有更多闲余时间来旅游购物,就会增加商场收益。而在平时,人们工作繁忙,没有更多时间和精力去购物,就算延时经营也不会有更多的人光顾,增加的销售额不足以弥补增加的成本。因此,商家在平时不延长营业时间而选择在"黄金周"延长营业时间。

二、长期成本函数

长期成本函数反映了在既定的生产技术条件下,投入的各种生产要素的成本和产量之间的对应关系。在长期内,生产者投入的各种生产要素都可以进行调整,也就不存在固定成本和可变成本之分,所有的成本均是可变成本。长期生产函数涉及三种成本,即长期总成本、长期平均成本和长期边际成本。

(一) 长期总成本

长期总成本(Long-run Total Cost,LTC)是指在长期内,生产者在各种产量水平上通过调整生产规模所能达到的最低总成本。

长期总成本函数反映了各种产量水平与最低总成本之间的依存关系。

长期总成本函数可以表示为:

$$LTC = LTC(Q) \tag{5-7}$$

我们可以从第四章所讨论的长期生产扩张线来得到长期总成本曲线。事实上，生产扩张线上的任一点均表示在相应的产量水平下，企业所选择的两种要素投入量的最佳组合，它是等成本曲线与代表该产量水平的等产量曲线的切点，而这条曲线则表示相应产量水平的最低成本。企业在长期中同样追求利润最大化，因而，对任何产量水平都试图以最低的成本进行生产，通过连接生产扩张线上各点的成本，就可以得到长期总成本曲线。其具体的推导如图 5-4 和图 5-5 所示。

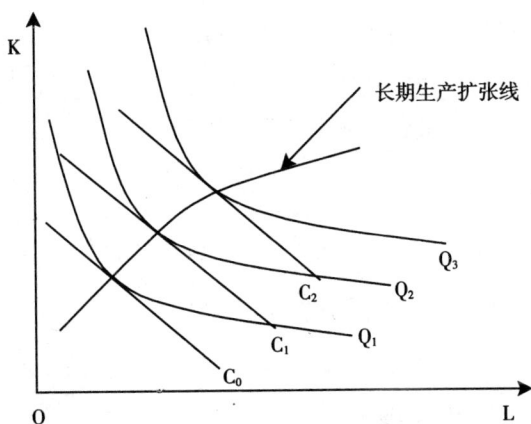

图 5-4　长期生产扩张线

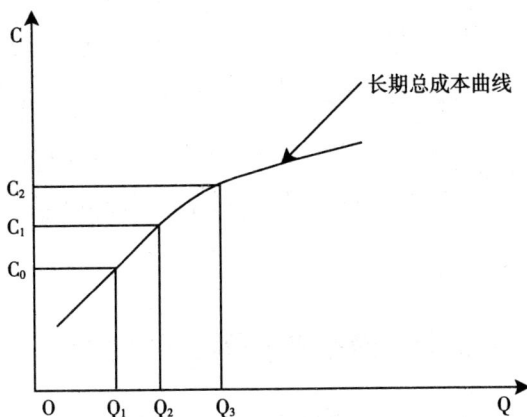

图 5-5　长期总成本曲线

在图 5-4 中，长期生产扩张路线在各个产量水平下所用的成本最低，因此，可以把各个产量水平和成本之间的对应关系画在图 5-5 上，就可以得到长期总成本曲线。

（二）长期平均成本

长期平均成本（Long-run Average Cost，LAC）是指在长期内，生产者生产的单位产量所分摊的长期总成本。

长期平均成本函数可表示为：

$$LAC = \frac{LTC(Q)}{Q} \tag{5-8}$$

根据长期总成本和长期平均成本的关系可知，长期总成本曲线上任一点与原点连线的斜率就是长期平均成本，因此，在长期总成本曲线已知的条件下，我们就可以得到长期平均成本曲线。

（三）长期边际成本

长期边际成本（Long-run Marginal Cost，LMC）是指在长期内，生产者增加或减少一个单位产量所带来的长期总成本的变化量。

长期边际成本可表示为：

$$LMC = \frac{\Delta LTC(Q)}{\Delta Q} = \frac{dLTC(Q)}{dQ} \tag{5-9}$$

根据长期总成本和长期边际成本之间的关系可知，长期边际成本是长期总成本曲线上各点的斜率。根据边际值和平均值的关系可知，长期边际成本低于长期平均成本时，长期平均成本呈下降趋势；长期边际成本高于长期平均成本时，长期平均成本呈上升趋势；长期边际成本等于长期平均成本时，长期边际成本通过长期平均成本的最低点，即两者相交于长期平均成本的最低点。

【案例 5-3】

美国大陆航空公司的经营创举

曾经，美国的大多数航空公司都遵循一个简单的规则，即只有当现有飞机 65% 的舱位已售出时才提供一个航班，以保证收支相抵。但美国大陆航空公司却在飞机载客量只有 50% 的时候就提供一个航班，还不断扩充航班数。这一举措在业内散播开后，股东们很是忧虑，担心大陆航空公司会入不敷出。但出人意料的是，大陆航空公司的利润不减反增。

其实，是其他航空公司犯了同样的错误：用平均成本代替边际成本做决策。当时普遍采用的"载客量 65%"法则是基于以航空公司的年度总成本除以年度总航班数得到的每一班平均成本计算得出。当时一个典型航班的平均成本大约是 4000 美元，只有在 65% 的舱位都售出的情况下才能获得 4000 美元的机票收入，一旦载客量低于 65%，这个航班就被视为亏损，要予以取消。

相反的是，大陆航空公司采用边际成本计算利润。每增加一个新航班时，主要将新增加的费用支出纳入考虑范围，包括增加的空勤和地勤人员费用、燃料费和飞行餐饮费等。而每个新航班增加的可变成本大约是 2000 美元，远远低于 65% 载客量的 4000 美元的边际收益。当边际收益大于边际成本时，说明企业有利可图，应该增加产量，大陆航空公司确实这样做了。一个航班即便载客量只有 50%，其边际收益 3000 美元还是高于边际成本，可以靠增加航班数来提高收益。这正是大陆航空公司义无反顾地增加航班数的原因，也依此秘诀打败竞争对手。

资料来源：罗伯特·霍尔，马克·利伯曼. 微观经济学原理与应用 [M]. 大连：东北财经大学出版社，2004.

第三节　成本因素

低成本不仅是利润的保障，而且是有效控制风险的手段。

——佚名

一般来说，企业生产产品的成本既取决于生产规模（投入要素的数量），也取决于生产范围（生产产品的种类）。在大多数情况下，平均成本与这两个要素之间存在着某种关系，这就是规模经济或范围经济。另外，生产成本也会随着累计产量的增加而下降，这就是学习曲线。

一、规模经济

规模经济是指由于生产者扩大生产规模而导致平均成本减少的情况。与规模经济相对应的规模不经济是指生产者由于生产规模过大而导致平均成本上升的情况。一般来说，随着生产者产量的增加，当长期平均成本不断减少时，可以说存在规模经济；当长期平均成本不断增加时，可以说存在规模不经济。其图形如图5-6所示。

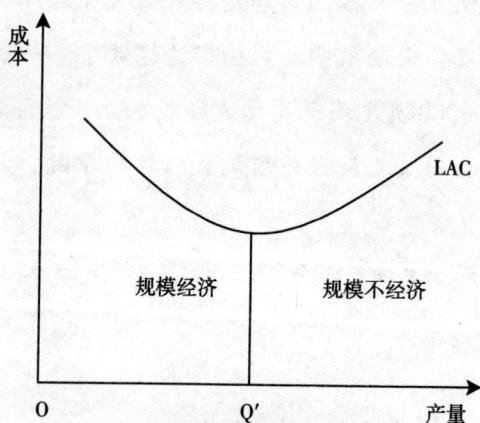

图5-6　规模经济

产生规模经济的原因在于：首先，生产规模的扩大促进了劳动分工和提升了专业化程度，从而提高了工作的效率；其次，生产规模的扩大也促进了技术的进步，在产量增加的同时，企业有条件利用降低单位成本的设备，更好地安排设备和人员进行同步生产；再次，随着企业的扩张，融得的资金更多，也就有更多的资金投资于技术创新；最后，生产规模的扩大有利于大规模的采购，这样大企业能比小企业以更低的价格购买到原材料。

产生规模不经济的原因在于：当生产规模超过一定范围后，企业的管理效率就会开始不断下降，以致管理部门无法有效地协调和管理企业的各种经营管理活动，从而使得平均成本上升。

【拓展阅读】

电影院的放映厅不是越多越好

假设有一个放映厅的电影院需要三个工作人员：一个售票员，一个售货员，一个操作员。如果增加了一个放映厅，这三个工作人员仍可完成两个放映厅的工作。那么这就产生了规模经济：新增一个放映厅的成本下降了；电影院能够从电影销售商处拿到更好的折扣；电影院能够投放更大、更引人注意的广告；电影院能够将成本平摊到更多的电影中。

增加一个放映厅是好事，为什么多增加放映厅就不好了呢？为什么大部分电影院只有10个左右放映厅，为什么不增加到20个放映厅呢？答案很简单，因为存在规模不经济。

（1）随着电影院规模扩大，来看电影的人数自然增多，就可能造成电影院周围的交通越来越拥挤。而公路是公共用品，不能阻止其他人使用，交通拥堵就可能造成来观看的人减少。

（2）电影的供给量可能无法达到所有放映厅同时工作的需求量。

（3）时间是电影院无法控制的资源之一。观众倾向于在一些特定的时间段来看电影。当很多观众都集中在某一时间段来电影院，要想安排好不重叠的电影放映时间表就尤为困难。

资料来源：威廉·迈克易切恩. 微观经济学［M］. 北京：机械工业出版社，2011.

企业实现规模经济有两种途径：一是从事多元化业务结构，进入同企业有协同效应的产品市场；二是深化企业既有主导产品的价值链，进行纵向一体化。对规模经济的追求会导致大型多元化企业的出现和发展，这在德国和美国的化工产业中的确是常见现象。

然而，在现实生活中，确定企业在什么样的生产规模上是规模经济或规模不经济是很困难的。一般说来，在实际中，中等规模的企业可能会获得所有规模经济的利益，而规模不经济往往在产量很多的时候才会出现。生产者在进行有关企业规模决策时，要充分考虑有关规模经济的影响，充分利用规模经济，而避免规模不经济的情况出现。

【案例 5-4】

道路运输的规模经济

随着信息时代的到来以及现代通信和计算机技术的发展，包括道路运输在内的各种运输方式，均具有规模经济性，而道路运输规模经济性尤为突出。原因有三个：第一，道路运输基础设施特别是公路网体系覆盖面广且是公共物品，从而为道路运输网络化运营和不断提高其规模经济性奠定了基础；第二，道路运输基础设施投资建设的社会性使道路运输规模经济的实现条件得到简化和便利，运输企业可以不用投资道路运输基础设施建设，但得从提高自身运输能力、拓展与相关同类企业的合作、强化运输生产过程中的组织与管理、适时采用现代技术等方面，为运输规模经济的形成提供最基本的构成要素；第三，道路运输具备的某些特点更是没有哪个运输方式可以取代的，如机动、灵活、方便、门到门运输等，在社会生活中运用广泛，运输需求弹性相对较大，运输企业经营及参与市场竞争的灵活性高。

资料来源：张桂欣. 道路运输规模经济的发展现状与对策 [J]. 产业与科技论坛, 2011 (3).

二、范围经济

在现实生活中，许多生产者在同时生产两种或两种以上的产品时，往往会使单位成本得到降低。当生产者的多种产品在一起生产的总成本低于各个产品分开生产的总成本时，就存在范围经济。所谓范围经济是指生产者在生产两种以上产品或提供两种以上劳务使得平均成本下降的现象。

假设某公司生产两种商品 X 和 Y，其中，单独生产 X 产品的成本为 C(X)，单独生产 Y 产品的成本为 C(Y)，而同时生产 X 和 Y 的成本为 C(X，Y)。如果有以下结果：

$$C(X，Y) < C(X) + C(Y) \tag{5-10}$$

式（5-10）表示，同时生产 X 和 Y 两种产品比单独生产 X 和 Y 产品的总成本更低，这时就存在范围经济。

范围经济的大小可通过下面的公式进行计算：

$$S = \frac{C(X) + C(Y) - C(X，Y)}{C(X，Y)} \tag{5-11}$$

式中，S 的值越大，表示范围经济效应越大。

范围经济的出现一般是由于在工业生产过程中，投入的生产要素有多种用途，从而能适应多种产品的生产。如在制造行业中，运用某种原材料生产某一产品时，可能会产生多种副产品，这时企业生产多种产品，就可以充分利用原材料的使用价值。此外，生产者在同时经营多种产品时，可以共享广告效应和品牌效应。另外，范围经济还可能来源于具有多种产品的生产过程，它在生产某种产品时，能以很低的成本生产出其他产品。

对于生产者来说，判断是否存在范围经济以及哪些产品或服务之间存在范围经济是十分重要的。如果在几种产品或服务的联合生产中存在范围经济，生产者就应当把它们组合在一起进行生产，从而充分利用范围经济，降低生产成本，提高企业利润水平；反之，如果发现在现有产品或服务的联合生产中存在范围不经济，那么就应当将它们拆分开来，单独地进行生产，从而降低生产成本，提高企业利润水平。

【案例 5-5】

商业银行的混业经营

在银行业是存在范围经济的，拓宽银行业务范围，允许银行适度混业经营，可以提高银行的收益率和经营管理水平。范围经济形成的优势，是某个银行独自扩大规模也无法享有的。研究也证明，混业经营的银行比分业经营的银行存在时间更长。针对我国当前的国情，范围经济的存在是驱动我国商业银行进行改革的原因之一。在遵循现行法规的基础上，努力扩大中间业务和增加投资业务，寻求银证、银保合作可以形成范围经济的优势，增强我国商业银行的竞争力。

资料来源：http://baike.baidu.com/view/67194.htm.

三、学习曲线

在前面我们描述了随着生产规模的增加，而导致平均成本下降的规模经济，然而在现实生活中存在一种现象，即生产者的生产规模没有发生改变，而平均成本却长时间地连续下降，这又该如何解释呢？

一般来说，随着累计产量的上升，生产者就会在生产过程中不断获得大量的生产经验，从而提高生产效率，使得生产的平均成本不断下降。对于这种现象，我们称为学习曲线。学习曲线又称经验曲线，描述了平均成本与累计产量之间的关系。累计产量是指企业在之前的所有生产阶段所生产的产品的总数量。

图 5-7 展示了一条典型的学习曲线。一般来说，在生产的早期，学习曲线是非常陡峭的，这意味着平均成本明显下降，学习曲线的效应非常显著。然而，随着累计产量的不断增加，最终，学习曲线变得越来越平缓。

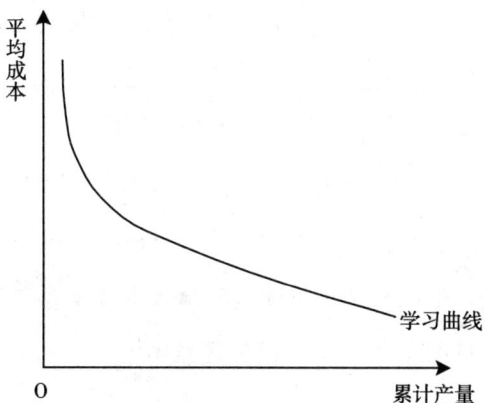

图 5-7　学习曲线

【拓展阅读】

飞机制造业的学习曲线效应

　　研究发现飞机制造业的学习速度高达 40%。前 20 架或 30 架飞机所需的劳动投入远远高于第 100 架或第 200 架飞机所需的投入量。在 200 架飞机被生产出来后，学习曲线趋于平坦，学习几乎已经完成。

　　产生学习曲线效应的原因主要有以下几个方面：首先，生产工人或管理人员对设备和生产技术有一个学习和适应的过程，生产实践越多，经验就越丰富，从而带来成本的降低；其次，在生产者的产品设计、生产管理、产品线的配置等方面，随着累计产量的增加会逐渐进行相应的调整，从而带来成本的降低；最后，随着生产者与外部供应商合作时间的增加，合作默契程度的提高，从而使得彼此之间的协调也更加有效，从而带来成本的降低。

【案例 5-6】

核电站的学习效应

　　核能在国家的战略地位中越来越突出，对社会经济的发展也起着举足轻重的作用。它不仅能为所在国提供价格稳定的安全能源，同时它还具有近零温室气体排出的优势。对于核电发展而言，建造成本和投资收益是否具有足够的市场竞争力是其得以生存和发展的基础。

我国核电发展慢、成本高，主要问题是规模小；而规模小，又造成经验积累和技术更新受到阻碍。因此，我国应增加对核电投入，推动其发展，并有效利用规模效应和学习效应，形成系列化机组，降低核电成本，促进核电良性发展。

我国首个双堆机组电站主要从法国引进技术，固定价单位投资 1800 美元/千瓦，固定价是建设造价总投资。核电站不是立马就能建成，一般都要好几年，除了固定价的投资外，还要将建设期利息的财务费用考虑在内，最后加上建设期财务费用的价格为建成价，建成价约为 2034 美元/千瓦。根据我国对法国核电技术建设引进和消化实际情况，从第一个双堆机组按照国产化率 30%、50%、70% 估算，以至于达到基本国产化，投资下降趋势分别为 82%、75%、70%、59%。

2007 年公布的数据表明：红沿河核电站的单位造价将控制在 1300 美元/千瓦，大亚湾核电站当年的单位造价约为 2200 美元/千瓦，岭澳一期降为 1800 美元/千瓦，岭澳二期将控制在 1500 美元/千瓦。

资料来源：陈章武. 管理经济学 [M]. 北京：清华大学出版社，2010.

对于生产者来说，由于学习曲线能够带来成本的降低，从而在制定经营决策时要充分利用学习曲线效应。一般来说，行业在不同时期平均成本随着累计产量的下降速度会有不同，各个行业之间的学习曲线存在着一定的差异。在学习曲线十分陡峭的行业，企业应当制定较低的价格，迅速占有市场，扩大产量，提高累计产量，这样既可以充分利用学习曲线的作用，降低生产成本，而且由于学习曲线十分陡峭，平均成本随着累计产量的增加下降得很快，从而使得其所定的低价也能够保证企业盈利。此外，随着平均成本变得很低，从而使得企业还可能有足够的空间不断压低价格，迫使竞争对手退出市场，进一步扩大生产，降低成本，获得更大的利润。

本章小结

在一系列成本中，哪些成本与企业的决策有关？哪些成本与企业的决策无关？这都需要企业管理者仔细分析、取舍、衡量。沉没成本是企业已经花出去的钱，机会成本是企业放弃该决策的代价。各项成本都应与收益进行比较，最终确定最佳生产方案，做出最优决策。

第六章　市场结构与企业决策

农村春联市场：完全竞争的缩影

贴春联是中国的一大传统习俗，每年临近春节时，春联市场红红火火，而在中国农村地区，气氛更为浓厚。

研究者对春联市场进行了一番考察，在被调查的对象中，需求者有 5000 多位农户，供给者为 70 多家零售商，市场中存在许多买者和卖者；供应商的进货渠道基本一样，且产品的差异性很小，具有高度同质性（春联所用纸张、制作工艺相同，区别仅在于春联所书写内容的不同）；供给者能够轻易地进入或退出市场；一般农民在决定购买前都会逐个问清价钱，因此信息是充分流通的；供应商的零售价格水平相近，提价会造成销量为零，降价会引起利润损失。经过分析可看出，历史悠久的春联，其销售市场结构却是一个高度近似的完全竞争市场。

春联是每家每户过年的必需品，购买春联的支出在购买年货的支出中只占很小的一部分，因此其需求价格弹性较小。某些供应商为增加销售量，扩大利润而采取的低于同行价格的竞争方法，反而会在消费者心中留下不好印象，认为其所售卖的产品存在瑕疵（上年库存、产品质量存在问题等），反而不愿购买。所以，供应商在销售产品时，一般是不会轻易降价的。

这个被调查的农村集贸市场条件简陋，春联商品习惯性席地摆放，大部分供应商都用透明的塑料袋将春联包裹以防尘防潮，有少部分供应商为了向顾客展示产品,更愿意以较小的代价将部分产品直接摆放出来。因此产品之间的对比显而易见:暴露在阳光下的春联更鲜艳,更能吸引消费者目光、刺激购买欲望,在同等价格下,该供应商销量必定高于其他同行。

在商品种类上,小条幅的批发价为 0.03 元/副,零售价为 0.30 元/副;小号春联批发价为 0.36 元/副,零售价为 0.50 元/副。因小条幅在春联中最为便宜且为春联中的必需品,价格基本一致且维持几年不变,消费者也不对此讨价还价。小条幅春联共 7 类,消费者平均购买量为 3~4 类,由于人工成本较低,总利润可达 1.08 元。而小号春联相对价格较高,在春联支出中占比较大,讨价还价较易发生。由此,价格降低和浪费的时间成本会造成较大利润损失,对小号春联需求量较大的顾客也不过购买 7~8 副,总利润至多 1.12 元。因此,我们不难明白为什么浙江小工艺品生产能使一大批人发家致富;同时,也告诉我们,在经济水平落后地区发展劳动密集、技术水平低、生产成本低的小商品生产不失为一种快速而行之有效的致富方法。

春联市场是一个特殊的市场,存在时间短,仅仅是春节前 10 天左右,供应商只有一次批发购进货物的机会。供应商对于该年的采购量是在上一年销售量和对潜在进入者的预期的基础上做出决定的。如果供应商总体预期正确,则该春联市场总体供给与需求平衡,价格就会相对稳定。一旦出现供应商总体预期偏差,价格机制就会发挥巨大的作用,将会出现暴利或者亏损。

资料来源:杨晓东.农村春联市场:完全竞争的缩影 [J].经济学消息报,2004 (559).

【案例启示】 小小的农村春联市场竟是完全竞争市场的缩影与体现,包含了经济与管理两大学科。完全竞争市场是一种理想的市场状态,也是一种极端的市场情况,在现实经济中是不存在的,只有金融市场和农副产品市场接近于完全竞争市场。虽然在现实经济中并不存在完全竞争的市场,但是完全竞争的理论分析框架及其结论可以为我们分析现实问题提供一个参照,以简化问题。通过本章的介绍,我们会了解到各类市场结构,并学会在不同的市场做出合适的经营决策。

本章您将了解到：

● 完全竞争市场

● 垄断竞争市场

● 寡头垄断市场

● 完全垄断市场

第一节　市场结构概述

市场结构一定程度上决定了企业的经营决策。

——佚名

一、市场结构的概念

市场是社会分工和商品经济发展到一定程度的产物。市场是指买者和卖者之间相互交换商品或劳务，并决定它们交易价格的场所。它把市场上的买者和卖者联系起来，实现了商品或劳务流通。对买者来说，市场是购买其所需消费的商品或劳务的场所；对卖者来说，市场是出售其生产的商品或劳务的场所。而市场结构是指市场中各种要素之间的内在联系及特征。它反映了市场上供给者之间、需求者之间、供给者和需求者之间以及市场上现有的供给者、需求者与潜在的市场供给者和需求者之间的关系。

企业在进行经营决策时，必然会受到所处市场结构的影响。市场结构主要反映了市场上企业之间的竞争程度。如在完全竞争的市场结构中，由于存在大量的买者和卖者，企业一般无法自主地制定产品价格，这时，企业管理者只能在既定的价格上，通过改变其产量决策来实现企业的经营目标；反之，在完全垄断的市场结构中，垄断企业是某种产品唯一的卖者，则在产品定价上就具有了很大的自由度，这时，可以通过相应的定价决策来实现企业的经营目标。因此，企业的管理人员就必须对企业所处的市场结构进行研究，从而使自己的经营决策适合企业所处的市场结构，实现企业利润最大化的经营目标。

二、市场结构划分的依据

由于市场结构反映了市场中企业之间的竞争程度，所以，那些影响竞争程度的主要因素可以作为划分市场结构的依据。一般来说，市场中买者和卖者的数目及规模、商品的同质性、市场进入或退出的条件和信息的完全性四个方面反映了市场的竞争程度。因此，市场结构可以根据以上四个方面进行划分。这四个方面的主要内容如下：

（一）买者和卖者的数目及规模

市场结构的第一个决定性因素是买者和卖者的数目及规模。一般来说，如果某种产品的买者很多且购买数量很小，那么众多买者所支付的价格就很有可能相同。但是，如果市场上只有一个买者，由于卖者不能把其产品提供给其他的买者，从而使得该买者就拥有选择低价的能力。同样，如果市场中除了存在许多小买者的同时，还有一家或几家从事大量采购的买者，那么，由于采购量大小的不同，就可能造成采购价格的不同。一般来说，采购量大的买者具有了压低产品价格的能力，而那些小规模的买者则不具备这样的能力，使得购买同样的商品，小规模的买者要比大量采购的买者支付的价格水平高。

然而，在现实中只有少数买者的市场是较少见的，对大多数市场来说，影响市场结构的关键因素是市场中卖者的数目和规模。如果市场上存在一家或几家处于支配性地位的大企业，而且这些企业提供的产品数量占了足够大的市场份额，那么这些大企业就能够对产品的价格施加较大的影响，从而削弱市场上企业之间的竞争程度。反之，如果没有一个或几个企业生产足够多数量的商品，那么每个企业就不能够对产品的价格施加较大的影响，这时市场上企业之间的竞争程度就会很高。

（二）商品的同质性

市场结构的第二个决定性因素是商品之间是否具有同质性。商品的同质性是指不同企业生产的产品在质量上是完全相同的，以至于对消费者来说，将无法辨别商品是由哪一家企业生产的。反之，只要消费者能够辨别出某件商品是由哪一家企业生产的，我们就认为这些商品不具有同质性，而是有差别的。在一个市场中，不同的生产者提供的产品之间是否存在显著的区别，或者说是否有自己的特征，将会影响到市场的竞争程度。一般来说，企业生产的商品的同质性程度越高，市场上企业之间竞争程度就越高。反之，企业生产的商品具有很大的差异性，则市场上企业之间的竞争程度就越低。

在现实社会中，显然很少有商品可以完全满足商品同质性的条件，绝大多数商品在质量上都存在或多或少的差异，如品牌上存在的差异，从而使得商品彼此间是不能被完全替代的。因此，如果企业能把其产品与其他企业的产品区分开来，并能够让消费者喜欢该种产品，那么该企业就拥有了控制商品价格的能力。

（三）市场进入或退出的条件

市场结构的第三个决定性因素是市场进入或退出的条件。它是指企业进入或退出某一市场时所必须承担的成本。从长期看，企业进入或退出市场的难易程度是决定市场结构的关键因素。如果企业进入或退出某个市场是十分容易的，那么企业就可能随时进入或退出该市场，从而使得该市场的竞争程度会很激烈；反之，如果某个市场存在若干限制或阻隔，那么企业进入或退出这一市场就会存在一些困难，从而使得行业垄断因素增强，竞争程度大大削弱。

当企业很难进入某一个市场时，即该企业进入该市场要花费很大的成本，我们说存在较高的进入壁垒。进入壁垒的高低受许多因素的影响，如行业的规模经济性、生产技术是否可能获得、商品的差别以及政府的许可等。另外，企业的退出壁垒也影响市场的竞争程度。如有些企业可能所赚的利润一直少于正常利润或者长期处于亏损状态，这时就希望退出这一市场转移到其他有更高利润的行业，但它们所用资源（如设备）的专业化程度很高（使用的资源对别的行业没有太大的用途），那么就不能顺利地转移到其他行业，只有继续留在现有市场内，从而加剧了其所在市场的竞争程度。

（四）信息的完全性

市场结构的第四个决定性因素是消费者与生产者能否获得市场上的全部信息。然而，完全信息也是一个相当严格的条件，它要求买者与卖者对市场中所有与交易有关的信息的完全了解。如供求关系、产品信息、价格变动等信息。一般来说，如果某一市场的消费者和生产者都具有完全信息，则该市场的竞争程度就会很高；反之，如果某一市场的消费者和生产者不具有完全的信息，则该市场的竞争程度就会比较低。

三、市场结构的分类

一般地，根据市场结构划分的依据可以将市场划分为四种市场结构类型：完全竞争市场、垄断竞争市场、寡头垄断市场和完全垄断市场。

（一）完全竞争市场

完全竞争市场是市场结构的一种极端状态。首先，在完全竞争市场中，存在数目众多的买者和卖者，并且他们在整个市场上购买和供给的数量占整个市场购买和供给数量的比例都非常小，从而使得每个买者和每个卖者都无法对市场价格产生影响；其次，在完全竞争市场中，卖者所生产的商品是完全同质的，即任何一个企业的商品对于买者来说都是一样的，因此，任何一个企业都不能够比其他企业索要更高的商品价格；再次，在完全竞争市场中，企业可以完全自由地进入或退出该市场，因为在这个市场中，各种投入资源可以自由地转移，而且该种转移是没有成本的；最后，在完全竞争市场中，买者和卖者都掌握了大量的完全信息，从而使得产品的价格完全由市场决定，企业只是价格的接受者，只能按照既定商品价格开展竞争。

（二）垄断竞争市场

在垄断竞争市场中，存在数目众多的买者与卖者，并且企业可以完全自由地进入或退出这一市场。但与完全竞争市场相比，在垄断竞争市场中，企业所生产的商品并非同质的，而是有差别的，并且买者和卖者不拥有完全的信息。

（三）寡头垄断市场

在寡头垄断市场中，没有具体规定买者的数量，但是却只存在少量的卖者。对于企业生产的商品并不要求是同质的，也可以存在差别，但企业进入和退出该市场是比较困难的。此外，寡头垄断市场的信息是不完全的。

（四）完全垄断市场

与完全竞争市场相对，完全垄断市场是市场结构中的另一种极端状态。在完全垄断市场中，只存在唯一的企业生产某种产品，而且该产品没有相近的替代品，从而消费者要么购买该商品，要么不消费该商品。另外，存在着某些因素（如政府的特许权）完全封锁了其他企业进入该市场，从而使得垄断企业能够长期保持其垄断地位。对于完全垄断市场来说，信息通常是不完全的。

为了便于比较，我们将上述四种不同类型的市场结构特征列于下（见表6-1）：

表 6-1 市场结构及其特征

	完全竞争	垄断竞争	寡头垄断	完全垄断
企业个数	大量	大量	少数	唯一
商品同质性	同质	有差别	同质或有差别	无相近替代品
进入条件	自由	自由	困难	封锁
信息的完全性	完全信息	不完全信息	不完全信息	不完全信息

资料来源：郁义鸿，高汝熹. 管理经济学 [M]. 上海：上海三联书店，2004.

在上述四种市场结构中，企业所面临的需求曲线具有不同的特点，而且企业对其价格和产量有着不同的控制能力，因此，任何一种企业理论都不能解释现实生活中企业所采取的竞争策略，而需要根据企业所处市场结构特点来分别决定其竞争策略。

下面将对这四种市场结构分别进行分析，并在此基础上得出处于各种市场结构的企业的竞争策略。

第二节　完全竞争市场

　　鸡可以圈养，也可以放养。企业也是一样。如果政府给一个企业很多的保护和政策优惠，这个企业就是圈养的。反之，一个企业若只能靠自己在市场中自由竞争而生存，这个企业就是放养的。相应地也有两种企业：圈养的企业和放养的企业。

——佚名

一、完全竞争市场的特征

　　完全竞争市场是指不存在任何阻碍或干扰，没有任何外力控制的自由竞争的市场结构。在完全竞争市场中，产品的价格完全由市场的供给和需求决定，企业只是市场价格的被动接受者，不能对生产的商品自主定价。

　　根据市场结构类型的分类标准，完全竞争市场必须具备以下特征：

（一）市场上存在大量的买者和卖者

　　这就使得行业中每个买者和卖者的购买量或生产量只占整个市场中很小的一部分，因而，单个的买者和卖者都无法对市场价格施加任何影响，而只能被动地接受既定的市场价格。

（二）市场上的产品都是同质的

　　这里产品同质不仅是商品的质量、规模、商标等完全相同，还包括售后服务等方面，而且所有真实的或想象的产品差异都不存在，因此，消费者购买任何一家企业的产品都是一样的。在这种情况下，任何一家企业对其生产的产品提价，就会使它的产品完全卖不出去。

（三）企业进入或退出这一市场是完全自由的

也就是说，所有的资源可以在各个企业之间和各个行业之间自由流动，不存在任何障碍，任何一种资源都可以及时地投向能获得最大利润的行业，并能及时地从亏损的生产中退出。

（四）买者和卖者都具有完全信息

买者和卖者完全掌握市场上产品的价格和质量以及与自己经济决策有关的一切信息，从而使得生产企业不能够随意地制定产品的价格。

满足以上四个条件的市场就是完全竞争市场，然而，在现实生活中，完全竞争市场是不存在的，因此，完全竞争市场是一种纯理论的市场结构模式。尽管如此，但对完全竞争市场的分析，可以作为研究市场运行机制及其他市场结构的理论基础。

【拓展阅读】

大型养鸡场为何赔钱

前些年，许多大城市都由政府投资建了大型养鸡场，结果这些大型养鸡场在市场上反而竞争不过农民养鸡者，往往亏损者居多。为什么大不如小呢？

这主要是因为鸡蛋市场是一个完全竞争市场。短期中如果供大于求，整个市场价格低，养鸡可能亏本；如果供小于求，整个市场价格高，养鸡可以赚钱。但在长期中，养鸡企业则要对市场供求变化做出反应：决定产量和进入还是退出市场。但凡鸡蛋的价格上升，这时养鸡企业就要考虑增加产量和新进入者的力量。

在完全竞争市场上，企业完全受市场支配。若要在激烈的竞争中脱颖而出，就必须压低成本，并要求生产者能对市场的供求变动保持高度的灵敏度。也就是说，无法控制自己压低成本或调节能力弱的企业，终将被市场淘汰。大型养鸡场的不利正在于压低成本以适应市场的调节能力远不如农民养鸡者。

在鸡蛋市场上需要的是"造船成本低"和"船小好调头",才具有灵活性,庞然大物型的养鸡场反而失去了规模经济的好处。

资料来源:郭万超,辛向阳.轻松学经济 [M].北京:对外经济贸易大学出版社,2005.

二、完全竞争企业的需求曲线与收益曲线

在完全竞争市场中,由于商品同质,消费者和生产者信息充分,市场上又有许多企业生产该产品,所以,市场价格是由市场的需求曲线和供给曲线自发决定的。对于任何单个企业来说,它们只是市场价格的被动接受者,且在该既定的市场价格水平下,单个企业想卖多少商品就可以卖多少商品,因此,单个企业的需求曲线是由既定市场价格水平出发的一条水平线。

在图 6-1 中,D 代表整个市场的需求曲线,S 代表整个市场的供给曲线,P_e 代表市场处于均衡状态的价格,水平线代表单个企业的需求曲线。

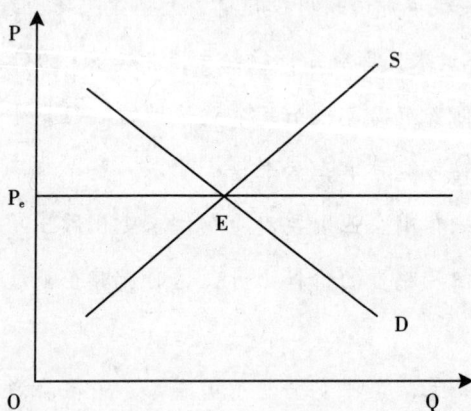

图 6-1　市场价格的形成

由于单个企业按既定的市场价格出售产品,那么出售一个单位的产品所带来的收益就等于既定价格。所以单个企业的总收益为:

$$TR = P_e \times Q \tag{6-1}$$

式（6-1）表明，在完全竞争条件下，单个企业的总收益曲线是一条通过坐标原点的直线，且斜率就是既定的市场价格。

单个企业的平均收益（AR）等于总收益和产量之比，即平均每一个单位产品给单个企业带来的收益：

$$AR = \frac{TR}{Q} = \frac{PQ}{Q} = P \tag{6-2}$$

在任何产量下，厂商增加单位产品的收益都是既定价格，所以边际收益曲线也是价格线。即：

$$MR = \frac{\Delta TR}{\Delta Q} = \frac{\Delta(P \cdot Q)}{\Delta Q} = \frac{P \cdot \Delta Q}{\Delta Q} = P \tag{6-3}$$

由于单个企业的产品出售价格就是市场需求曲线和供给曲线形成的既定市场价格，因此，这里的 P 就等于 P_e。

根据完全竞争市场的条件，单个企业都是按照既定的市场价格出售产品的，根据以上的分析可知，单个企业的需求曲线、平均收益曲线、边际收益曲线是重叠在一起的（见图6-2），即图中既定市场价格的水平线。而总收益曲线是以 P_e 为斜率通过原点的直线。

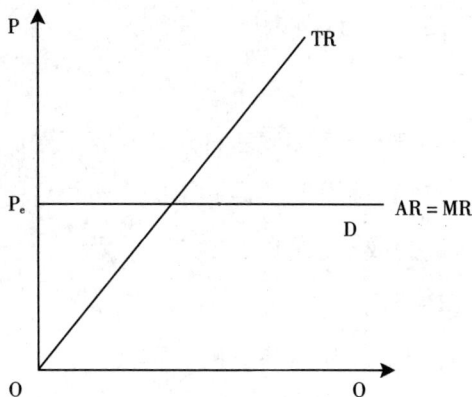

图6-2　单个企业需求曲线、总收益、平均收益、边际收益曲线

三、完全竞争条件下企业的经营决策

企业经营决策的目的是实现利润最大化，那么利润在什么情况下才能达到最大呢？为了实现利润最大化，企业需要比较在增加一单位产量时，总成本和总收益是如何变化的。如果总收益的变化量（边际收益）大于总成本的变化量（边际成本），那么，企业就会增加产量。反之，如果总收益的变化量（边际收益）小于总成本的变化量（边际成本），那么企业就会减少产量。只有总收益的变化量（边际收益）等于总成本的变化量（边际成本）时，企业才不会变动产量，并且企业达到了利润最大化的产量。因此，企业利润最大化的必要条件是：边际收益等于边际成本。

在完全竞争市场中，企业的利润等于企业的总收益（TR）减去企业的总成本（TC）。企业的经济利润函数可表示为：

$$\pi = TR - TC \tag{6-4}$$

那么，企业获得利润最大化的必要条件为：

$$\frac{d\pi}{dQ} = \frac{dTR}{dQ} - \frac{dTC}{dQ} = 0 \tag{6-5}$$

即：

$$MR = MC \tag{6-6}$$

也就是说，企业利润最大化的必要条件是边际成本等于边际收益。

然而，企业能否获得经济利润还需要看市场价格与平均成本之间的关系。经济利润为企业的总收入与总成本之间的差额，可表示为：

$$\pi = TR - TC = Q(AR - AC) \tag{6-7}$$

在完全竞争市场中，由于 $AR = MR = P$，可得：

$$\pi = Q(AR - AC) = Q(P - AC) \tag{6-8}$$

由式（6-8）可知：

当 $P > AC$ 时，$\pi > 0$，企业可以获得经济利润。

当 P = AC 时，$\pi = 0$，企业无经济利润，也无亏损，达到盈亏平衡。

这一条件无论在短期和长期都是成立的，不过在长期情况下，经济利润和亏损都不能达到均衡状态。

【拓展阅读】

利润最大化与现实世界的企业

在现实生活中，并不是所有的企业都以利润为单一目标。原因在于，在现实世界中，决策者的收入是生产成本的一部分。如领取薪酬的职业经理人有动力压低成本，却很少有动力压低自己的收入，而他们的收入是企业的一种成本。另外，假设某企业是一个由个人管理的企业。如果工人们能够在利润中分得属于自己的一杯羹，他们就会努力提高利润，但他们也会确保在利润最大化的过程中，自己的利益不受损害——使自己的工资最大化。

在一个所有权和经营权分离的企业中，职业经理人是以不损害自身利益为前提为企业创造高利润的。因此，现实中的企业除了决策制定者自身的成本，会控制生产成本。

资料来源：柯兰德. 微观经济学 [M]. 上海：上海人民出版社，2008.

此外，在短期的情况下，由于存在固定成本和可变成本之分，企业在存在亏损的情况下，是否仍然继续营业取决于价格与平均可变成本的关系。依然根据上述的经济利润关系式可得：

$$\pi = Q(P - AC) = Q(P - AVC - AFC) = Q(P - AVC) - FC \qquad (6-9)$$

由式 （6-9） 可知：

当 $\pi < 0$，P > AVC 时，企业的收益除了可以弥补全部的可变成本外，还能够弥补一部分的固定成本，可以使得亏损达到最小化，因此，企业仍将继续营业。

当 $\pi < 0$，P < AVC 时，企业不仅亏损掉全部的固定成本，而且收益还不能弥补可变成本，这时将使得企业亏损额更大，因此，企业必须停止营业。

当 π < 0，P = AVC 时，企业的亏损额仅为全部的固定成本。这一点是企业继续营业和停止营业的临界点。如果价格下降一点，那么企业将停止营业，如果价格高一点，尽管企业还处于亏损状态，但是仍将继续营业，从而可以弥补一部分固定成本，达到亏损最小化。

【案例6-1】

旅馆应放弃淡季经营吗

南卡罗来纳州的海滩以其美丽的海岸线和美味的海鲜而闻名于世，在海滩上可以看到一排排几乎一样的汽车旅馆。夏天海滩旅客繁多，旅馆供不应求的情况使得旅馆有理由收费200美元一晚。但在冬季，海滩旅客稀疏，旅馆的价格降为每晚50美元。假设一间房的平均固定成本为50美元，而一间房有顾客时需花费的成本（平均可变成本）为45美元，那么他们是否应该在冬季营业呢？答案是肯定的。因为冬季每晚的房价已经超过了平均可变成本，在支付了可变成本后剩下的5美元还可用来支付一部分的平均固定成本。相比不营业时，平均固定成本得不到丝毫补贴的情况要好。所以，汽车旅馆在冬季继续营业是正确的选择。

第三节　垄断竞争市场

真正的问题不在于你比过去做得更好，而在于你比竞争者做得更好。

——唐纳德·克雷斯

打开电视，只要稍加留意，你就会发现，电视里播放的大都是化妆品、药品、家电这类企业的广告。而这些企业做广告并非是对广告情有独钟，而是因为它们处在一种垄断竞争的市场中。

一、垄断竞争市场的特征

垄断竞争市场是一个既具有竞争又具有垄断性质的市场结构。在这一市场结构中，通常是由数量众多的企业提供具有差异化的产品组成，是现实经济社会中最为常见的市场结构。

根据市场结构类型的分类标准，垄断竞争市场具有四个特征：①市场上存在数目众多的企业，但每个企业所占的市场份额都很小；②市场上的企业生产差异化的产品，但是大量的产品之间具有较强的替代性；③企业进入或退出这一市场是完全自由的；④买者和卖者具有的信息是不完全的。

垄断竞争市场和完全竞争市场的关键区别是：在垄断竞争市场中，各个企业生产的产品都具有某种程度的差异性，即企业的产品是近似的但又不是完全的替代品。

垄断竞争市场的产品差异程度，使得消费者对不同产品各有偏好，而偏好程度决定了产品价格的伸缩程度。产品差别越大，消费者对某种产品偏爱的程度越大，厂商对产品的价格控制能力越强。但是，这些具有差异的产品彼此之间又能相互替代，一种产品价格提高以后必然会使部分消费者放弃这种产品的消费，而购买其他替代品。如果其他企业产品对该企业产品的替代性越小，该企业产品的需求量对价格变动的反应也就不那么灵敏，价格弹性越小，厂商会偏向于价格上涨；反之，价格对需求量影响就会较大。

由垄断竞争市场的特性可知，垄断竞争厂商的需求曲线是一条向右下方倾斜的，但又相当接近水平的需求曲线。

【拓展阅读】

美国汽车业市场

一个行业的市场结构会随着时间推移而发生改变。汽车行业历来被当作寡头垄断的经典范本。但从20世纪70年代起，外国汽车厂商入侵美国市场，带来了新的竞争。本田和丰田等汽车公司进入美国市场，给美国原三大汽车制造商（通用、福特、戴姆勒—克莱斯勒）造成了极大压力。虽然美国三大汽车制造商占据很大的汽车市场份额，仍为寡头垄断。但随着外国汽车制造商的参与和竞争力的增强，一家企业在顾及其他企业的行为决策时还要考虑越来越多的企业，可见，汽车业正在向垄断竞争靠近。

二、垄断竞争条件下企业的经营决策

在垄断竞争市场里，企业是以利润最大化为原则来确定产量、产品属性和广告费用的。在这里为了简化问题，我们假设广告费用和产品属性是确定的，那么，企业需要决策实现利润最大化的产量和价格。因此，垄断竞争者将使其边际收益等于边际成本，以此达到利润最大化或损失最小化。

在图6-3中，在短期内，企业给定了需求曲线D、边际收益曲线MR、边际成本曲线MC和平均成本曲线AC。企业依据MR＝MC进行决策，可得出企业的利润最大化产量Q_1和利润最大化价格P_1。这时，单位产品的经济利润就等于价格减去平均成本，企业的总经济利润则是图中阴影的面积。

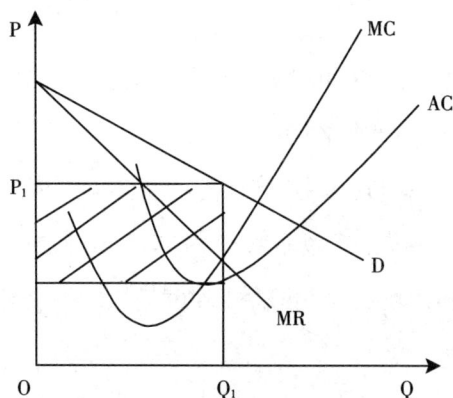

图6-3 垄断竞争条件下的短期均衡

【案例6-2】

经济利润的计算

萨博和沃尔沃是两家汽车制造商,其固定成本都是10亿美元,生产一辆汽车的可变成本都是10000美元。如果萨博每年生产50000辆汽车,沃尔沃每年生产200000辆汽车,试计算每家公司的平均生产成本,并判断在短期内,哪家公司的经济利润较高。

解:萨博的平均固定成本 $AFC_1 = \dfrac{TFC}{Q_1} = \dfrac{1000000000}{50000} = 20000$(美元/辆)

沃尔沃的平均固定成本 $AFC_2 = \dfrac{TFC}{Q_2} = \dfrac{1000000000}{200000} = 5000$(美元/辆)

两个公司生产一辆汽车的可变成本 $AVC = 10000$ 美元

由此可得: $AC_1 = AFC_1 + AVC = 30000$(美元/辆)

$AC_2 = AFC_2 + AVC = 15000$(美元/辆)

由于沃尔沃汽车制造商的平均成本大大低于萨博公司,它们又是垄断竞争厂商,在短期内,沃尔沃公司的经济利润较高。

从长期看,由于企业进入行业比较容易,经济利润就会吸引其他企业进入该市场,从而引起现有企业的市场份额减少。因此,这些企业面临的需求曲线就会向下、向左移动。

像短期一样，企业通过使边际收入等于边际成本实现利润最大化。在图 6-4 中，企业利润最大化要求把价格定在 P_1，产量定在 Q_1。注意，在这一价格—产量组合上，需求曲线与平均成本曲线相切。这意味着价格等于平均成本，因而经济利润为零。这样新企业进入市场就没有利益驱动，同样，由于企业能获得正常利润，企业也不会退出市场。因此 Q_1 和 P_1 就是代表垄断竞争条件下的企业长期均衡的产量和价格。

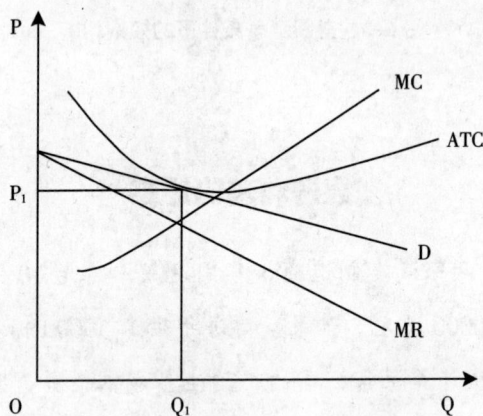

图 6-4 垄断竞争条件下的长期均衡

虽然垄断竞争企业在短期内拥有一定的改变产品价格的权利，但实行价格战并不是它们最重要的战略决策，更为重要的战略决策是尽可能地实现产品的差异化。

【拓展阅读】

揭秘家电价格战

中国家电市场的价格战愈演愈烈，更多的企业以低于成本的价格进行市场角逐，让人匪夷所思。价格战是企业间市场竞争的重要手段之一，不同的厂商价格战的策略和目标也不尽相同。

中国家电的价格战存在以下几种现象：

（1）炒作，借势推广品牌。2000年8月，长虹首当其冲，康佳、TCL、海信等也紧随其后，彩电价格降幅最高达35%，彩电价格一跌再跌，让人更是丈二和尚摸不着头脑，这不是做亏本生意吗？有学者道出其中奥秘，他说，作为商家，如果一台29英寸彩电赔本400元，卖300台不过赔进去10多万元，但是它能得到花10万元在报刊做的整版广告无法比拟的广告效应和社会效应。

（2）既为垄断又为反垄断。价格战一方面可以优胜劣汰，另一方面可以促成垄断企业的产生。格兰仕之所以能在微波炉市场独占鳌头，正是因为其成本领先优势。每一次的价格战都使得高成本企业被淘汰出局。价格战也是打破垄断的有力武器，像中国联通降价就是为了打破中国移动的垄断而做出的努力。

（3）弱势企业在夹缝中求生存。2000年家电价格战也使一些弱小的家电企业走上了重组之路。首先挑起空调价格战的森宝空调老总任尧森坦言：森宝，论品牌，不如海尔；论规模，不如美的、格力；拼资金，不如合资企业和上市公司。只有价格战才能开辟生存之路。

资料来源：张云峰.微观经济学［M］.西安：西北工业大学出版社，2004.

第四节　寡头垄断市场

做同一种生意的人们极少相聚，除非为了共谋反对公众或抬高价格。

——亚当·斯密

一、寡头垄断市场的特征

在现代经济体系中，寡头垄断市场也是一种比较常见的市场结构形式。在这种市场结构中，存在少数几个相互竞争的企业生产和销售一个行业的全部或大部分产品，且每个企业的产量在总产量中都占有相当大的份额。

根据市场结构类型的分类标准，寡头垄断市场具有四个特征：①企业的数目相对比较少，虽然对具体的数目并没有准确的限制，但是寡头企业之间的相互影响，使得竞争者的反应对管理决策的结果有很大的影响；②寡头企业所销售的产品既可以是同质的，也可以是很相近的替代品；③存在相当高的市场壁垒以阻止新企业的进入；④寡头企业之间不具有完全信息。

对于寡头垄断市场，可以用市场集中度来加以衡量。市场集中度是指在一个市场中各家企业的市场份额的集中程度。在市场结构的划分中，主要依据市场中企业数目的多少和企业规模的大小。特别值得强调的是，决定市场竞争的关键是，是否有少数几家企业占据较大的市场份额，而市场集中度正是反映这一特性的基本概念。

具体说来，市场集中度的衡量通常采用以下指标：

$$C_n = \sum_{i=1}^{n} S_i \tag{6-10}$$

其中，S_i 为按照市场份额大小排列的各家企业的市场份额。

即要求 $S_1 > S_2 > \cdots > S_n$，其直观意义是市场中占据最大市场份额的 n 家企业的市场份额之和。如用 C_3 或 C_6 表示，即市场中最大的 3 家或 6 家企业的市场份额之和，越是接近 100%，这一市场的垄断性就越强，也就越具有寡头垄断市场的特性。

寡头垄断市场被认为是一种较为普遍的市场结构形式。在很多国家中，不少行业表现出寡头垄断的特点，如美国的汽车业、电器设备业等都被几家企业控制。寡头市场形成的原因和垄断市场很相似，主要原因有：政府的扶持和支持、某些产品的生产必须在相当大的规模上才能实现最大的经济效益、行业中几家企业控制着基本生产资源的供给等。例如地区管制条例可能会禁止建造新的超市、电影院或汽车修理店，以保护现有几家厂商的垄断地位。

二、寡头垄断企业的需求曲线

与其他市场结构相比，寡头垄断市场的一个显著特点就是为数不多的企业之间存在着相互影响。由于一个行业里只存在少数几个企业，任何一个企业的行为变化都会对整个市场产生举足轻重的影响，所以任何一个企业对自己的价格和产量的决策，都是在充分考虑了相互影响的条件下做出的。如当一个企业的价格和产量发生变动会对其他企业的销量和利润产生影响时，势必会引起其他企业做出反应。

在寡头垄断市场上，关键的问题不在于卖者的数量，而在于卖者之间的相互影响。一个寡头企业所采取的行动会影响到其他企业的决策。一个寡头企业降价或推出新产品的行为将使其他企业的市场份额减少，从而可能迫使其他企业跟随降价或推出新产品。

图 6-5 说明了竞争对手的行为将如何影响寡头垄断企业的需求。如果一个寡头企业做出了降价的行为，而其他企业不作出反应，就能增加其销售量。可以用

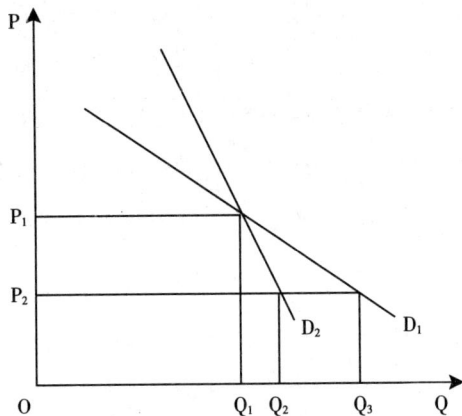

图 6-5　寡头垄断企业的需求曲线

弹性较大的需求曲线 D_1 来说明这种情况。当该寡头企业价格从 P_1 下降到 P_2 的时候，消费者就会少买其竞争对手的产品，而多买该降价企业的产品，从而使得其销售量从 Q_1 上升到 Q_3。但是当其竞争对手对降价行为作出反应时，该企业的销售量可能只会有少量的增加。这时，该企业的需求曲线就是弹性较小的 D_2，而降价导致销售量只能从 Q_1 上升到 Q_2。

三、寡头企业的共谋决策

在寡头垄断市场中，由于寡头企业的个数比较少，每个厂商的产量在行业的总产量中占据较大的市场份额，从而单个厂商的产量和价格发生变动都会影响其竞争对手以至整个行业的产量和价格。因此，寡头企业之间会通过正式或非正式的合作或共谋来降低彼此之间的竞争程度，避免由于价格竞争带来的损失。前者的形式是卡特尔，后者的形式则是达成默契的价格领导。

（一）正式的合作：卡特尔

如果寡头垄断行业中的各家企业为垄断组织，为了获取高额利润，通过明确的、正式的协议规定其各自的价格、产量或诸如销售地区分配等事项，它们就形成了一个所谓的卡特尔。

寡头企业建立卡特尔组织或达成共谋协议的目的是为了使价格和利润高于没有共谋时的水平。如果卡特尔具有良好的组织，且对其所控制的产品的市场需求曲线有非常准确的理解，那么这个卡特尔就像一个垄断者那样行动并使整个行业的总利润最大化。其中最著名的例子就是 OPEC，早在 1970 年的时候，OPEC 卡特尔就开始削减石油产量。此举导致了 1973~1974 年世界原油市场价格上涨400%。20 世纪末，世界原油市场大幅涨价也主要是 OPEC 卡特尔的原因。

假定各成员企业生产的产品是无差异的，但是各家的生产成本却不尽相同，此时，卡特尔就需要对市场需求曲线及卡特尔作为一个整体的边际成本曲线做出估算，然后确定一个统一的"垄断价格"和相应的总产量，再在成员企业间分配总产量。

图 6-6 表明了由 A、B 两家企业组成的卡特尔的利润最大化决策。其中图 6-6 （c）展示了市场需求曲线 D、边际收益曲线 MR 和边际成本曲线 $\sum MC$。市场的边际成本曲线是通过图 6-6 （a）和图 6-6 （b）中每个企业的边际成本水平相加得到的，即 $\sum MC = MC_A + MC_B$。按照市场的边际收益等于边际成本的交点确定市场总产量，就可以使整个行业实现利润最大化。此时，卡特尔组织将以 P' 的价格，销售 Q' 单位的产量。

在卡特尔内部，应按照所有企业的边际成本都相同的原则确定各家企业的产量。在图 6-6 中，让各家企业的边际成本等于市场确定的边际收益，则分配给 A 企业的最优产量是 Q_A，分配给 B 企业的最优产量是 Q_B。如果在各自的产量水平上，企业 A 的边际成本超过企业 B，那么从企业 A 转移一部分产量到企业 B，这一转移过程直到企业的边际成本相等时停止，这样就可以使作为整体的卡特尔的成本降低，利润最大。

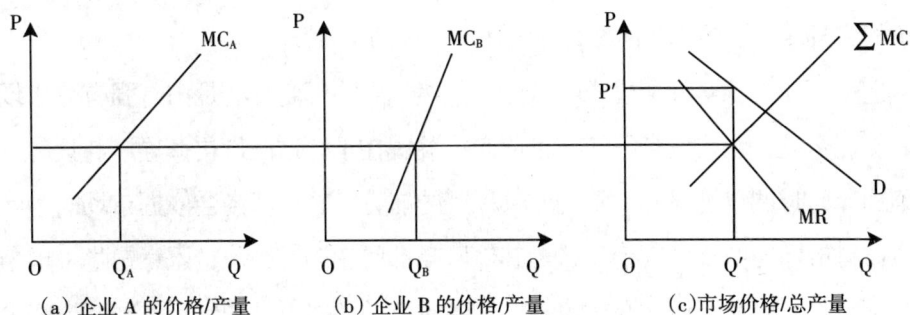

（a）企业 A 的价格/产量　　（b）企业 B 的价格/产量　　（c）市场价格/总产量

图 6-6　卡特尔的价格/产量决策

然而，在现实生活中，卡特尔组织具有天然的不稳定性，这是因为：第一，潜在进入者的威胁。即一旦卡特尔把价格定在很高的水平，就会吸引新的企业进入该市场，使得原来的卡特尔维持高价变得基本不可能。第二，卡特尔内部成员所具有的欺骗动机。卡特尔是一个典型的"动态博弈"问题，卡特尔组织规定各个成员的数量，然而卡特尔组织内的每个成员都可能会偷偷地增加产量，以获取更多的利润，这就会导致市场的供给量增加。在规定的价格下，市场供给大于市场需求，会使得卡特尔的限产高价迅速瓦解。事实上，据经济学家研究得出，卡特尔的平均存续年限为 6.6 年，短的 2 年就会瓦解。

（二）非正式的共谋：价格领导

因为以正式的协议方式在寡头市场上建立共谋在许多国家被认为是不合法的，或者是会受到社会公众的谴责，所以寡头企业之间也常采用一些非正式方式建立一定程度的共谋。很多市场上都存在价格领导模式，即少数几家企业正式确定价格，然后其他企业将价格调整到相同水平。

如果一家厂商对外宣布提价，这可以看作是向同行发出的提价邀请的信号。如果其他厂商也这样做了，一种价格领导的格局就建立起来了。第一个提价的厂商被称为价格领导者，其他厂商则是价格跟随者。价格信号解决了共谋价格的一致性问题，即只要价格领导厂商定价就行，其他厂商会自动跟进。当价格领导者提出的价格得到其他厂商的普遍认可，而且也不存在有阻碍作用的厂商，就会出现有效的价格领导。一般来说，行业中的厂商数量越少，彼此之间决策结构的依赖性就越大，这时价格领导就越有效。在现实的各种行业中，存在两种最为主要的价格领导模式：气压计式价格领导和支配式价格领导。

在气压计式价格领导模式中，这个价格领导的厂商不必是占有强有力市场地位的支配企业，而可能是任何一家厂商，关键在于，这一价格领导厂商具有一种精确预计何时调整价格、调整到何种程度的能力。领导厂商会依据市场需求状况或原材料市场的变化来判断，认为其他厂商都愿意调价，他也愿意冒险来担当第一个调价者。如果其他厂商相信领导厂商对市场做出了正确判断，他们会将价格调到与领导厂商一致的水平。如果他们认为提价幅度太大，他们可能会将价格调至一个较低水平，领导厂商也跟随降价至这一水平。如果其他厂商不相信领导厂商对市场的判断，就不会对价格做任何改变，领导厂商将调回到原来的价格水平，随之失去领导地位。由于种种原因，价格领导者会经常变换，但无论如何，价格领导者应对市场供求状态具有敏锐的洞察力和准确的判断力，并能觉察到厂商之间的默契，愿意承担风险损失。气压计式价格领导模式的实质是，价格领导厂商对市场条件变化做出一种反应，然后其他厂商分析这一价格变化是否符合他们的最大利益而判断跟随的可行性。

【案例 6-3】

寡头垄断企业价格战的结果

假设三个寡头垄断厂商目前对它们的产品定价为 10 美元。A 厂商首先将价格提高到 15 美元，并向媒体宣布它这样做是因为较高的价格有利于促进该行业的经济活力。若 B 厂商和 C 厂商将此看成一种明确的信息，即 A 厂商邀请它们一起提价并可获得巨额利润，则它们也会跟着将价格提高到 15 美元。若 B 厂商和 C 厂商对市场情况进行分析后，发现提价可能导致需求减少，远胜于提价后增加的收入，决定不跟着提价，那么 A 厂商就会因此销售量骤降，损失惨重，从而失去领导者的地位。

在支配式价格领导模式中，最大的厂商或者低成本厂商可能自然会成为价格的领导者，其他厂商觉得自己的最佳策略是与领导者保持价格的一致，而不是试图与领导者进行削价竞争。如果其他厂商不服从低成本厂商或者是最大的厂商所决定的价格，那么价格战必然会在寡头厂商间挑起。而在价格战中，成本较高的企业定会被淘汰。面临着这种危险，其他厂商不得不服从低成本厂商或者是最大厂商所设定的价格。而且支配企业订立的价格一般要高于在竞争条件下形成的价格，其他厂商跟随定价反而能获得更多的利润，并避免了因独自定价失误而可能带来的风险。

当然，我们是用一种比较乐观的态度来描述这种非正式的共谋的成功。但在现实经济中，这种价格领导行为也可能会由于其他厂商贪图短期利益，不跟着提价，反而利用这个机会扩大自己的市场份额，结果形成一轮价格战。另外，在寡头垄断市场上，我们常会发现价格刚性：即使生产成本或市场需求发生改变，厂商也不大愿意改变价格。如果成本下降或者市场需求下降，厂商可能担心给竞争者以错误的信号引发一轮价格战而被迫降低价格。如果成本上升或者市场需求增加，厂商则担心提价后它的竞争者不跟进而导致市场份额降低。

总的来说，寡头市场上的厂商是在彼此相互依存的不确定性中生存，不断判断和预计对手行为；同时又不断收集新的信息调整着自己的预期。成功的管理者通常能够很好地适应市场，而不能很好适应的人迟早会被淘汰出局。

第五节　完全垄断市场

> 垄断者，通过经常保持市场存货的不足……以远远高于正常的价格出售他们的产品，从而无论在工资还是在利润方面都提高他们的报酬。
>
> ——亚当·斯密

每年春节，火车票一票难求，可以说到了白热化的程度。每到这个时候，中国人民恨不得多有几条铁路线，可是，我们都知道，每个地方只有一个铁路局，这就是一种垄断。由于没有竞争，垄断者成了本行业的主宰，享有定价的特权，就像春运的火车票价。垄断市场具备哪些性质呢？接下来就会详细介绍。

一、完全垄断市场的特征

在整个市场结构范围内，完全垄断市场是与完全竞争市场相对应的另一种极端的市场结构。在完全垄断市场中，只存在一家处于垄断地位的企业供应某种商品，而且这种商品没有相近的替代品。

根据市场结构类型的分类标准，完全垄断市场具有四个特征：①市场上只有唯一一家生产者或出售者，企业就是行业，因此，垄断企业所面临的需求曲线就是向下倾斜的市场需求曲线；②垄断企业所生产的产品没有任何相近的替代品，因此，消费者无法通过选择其他产品来代替该产品的消费，即要么购买垄断企业生产的产品，要么放弃该产品的消费；③由于垄断企业控制了某种产品的全部供给，而不存在其他企业提供该种商品，因此，垄断企业掌握了该种产品价格的决定权；④由于存在着巨大的市场壁垒，如各种经济、技术、法律及其他方面的限制和障碍，因此，其他企业无法进入该行业。

众所周知，现实中很少存在完全竞争市场，与此相似，纯粹的完全垄断市场也很少见。在现实生活中，由于任何商品和服务或多或少都存在一些替代品，而且大多数国家也都有相应的反垄断法律以避免垄断的产生，所以，很少有一家企业能够控制整个市场供给的情况出现。虽然，在现实中很难找到纯粹的完全垄断市场，但是通过对完全垄断市场的分析依然可以帮助管理者更好地理解和制定企业经营决策。

【拓展阅读】

星巴克与商品独特性

垄断者通常通过提供一些其他厂商所不能提供的产品或服务而获得高额利润。星巴克通过给顾客带来独一无二的体验，包括有了解顾客的店员和提供使顾客放松的氛围，使星巴克具备竞争优势有设定较高价格的实力。同时，星巴克的股票也自1992年以来上涨超过40倍。但星巴克的总裁也警告说，迫于发展的压力会使星巴克越来越商品化，容易受到来自其他咖啡店乃至快餐连锁店的竞争冲击。如果生产商丧失了其产品的独特性，就会丧失市场力量和利润。

二、完全垄断的来源

完全垄断意味着企业拥有影响市场的力量，那么为什么有些企业具有垄断市场的力量，而有些企业则不具有垄断市场的力量呢？完全垄断的来源主要有以下几个方面：

（一）政府特许权

有许多垄断企业的产生与政府存在着密切的关系。在某些情况下，政府经常通过发放许可证和营业执照等制度对某些市场进行限制，只有拥有这种特许权的企业，才被允许经营该项业务，而其他企业则不被允许进入该行业，从而造成这些行业的垄断。如水电、天然气和有线电视都要获得政府的特许经营权才能经营。

（二）专利所有权

为了促进新产品和新技术的发展，大多数国家都制定了专利法，对发明和创造进行保护。在专利权被保护期间，一家企业可能凭借拥有某种商品或生产技术的专利权而成为该商品市场的垄断者，从而使其他企业不能进入该市场。但是，专利权虽然可以使产品受到保护，但是较高的利润也会使其他企业研究和开发相近的替代品，因此专利权只能在一段时间内处于垄断地位，而不能保证长时间占有垄断地位。如制药公司研制的药物具有政府授予的专利，这使得该公司可以在较长的时间内避免竞争。在专利有效期内，只有专利持有者才能合法销售该种药物。

（三）完全控制投入物

如果一家企业控制了生产某种商品所必需的资源，从而使得其他企业无法获得这种原料进入该市场，这时，它往往就成为该产品生产的市场垄断者。因此，对某些特殊资源的拥有和控制，就可能成为一家企业处于垄断地位的基础。如一家南非德贝尔公司从 19 世纪 80 年代起就通过买光几乎全世界的钻石矿或已挖出而未加工的钻石的方式，垄断了钻石制成品市场。

【拓展阅读】

我国钨矿在国际市场上缺乏话语权

我国是产钨大国，钨储量大约占世界总储量的 60%，其中江西、湖南两个省大约占全国储量的 70%。而中国在钨市场上的交易量占国际市场总交易量的80%。目前，钨被广泛应用于国防工业、航空航天、机械制造、石油勘探、特种钢、新材料等。作为重要的战略资源，钨产业关系着国家经济命脉和国防安全。

目前，全球每年钨工业消耗的钨资源 80%~90% 来自中国。除中国外，世界上还有加拿大、奥地利、俄罗斯和澳大利亚等国家拥有钨资源，在国际市场上完全有条件形成卖方垄断。

中国虽然有世界上最大的钨矿资源，但长期因挖掘技术水平低下，造成大量资源浪费。并且为了增加出口换取外汇，国内各厂商争相压低价格，造成在国际市场上缺乏话语权。若按照目前的开采速度，我国钨的静态保证程度只有 14 年，资源优势正在逐渐丧失。

因此，很有必要对钨矿资源的开发利用实施战略管理，以维护国家利益。

资料来源：张涛，吴艳，张德会，何鸿.浅析我国钨矿开发利用过程中存在的问题与对策 [J]. 资源与产业，2009 (5).

（四）规模经济性

某些行业可能始终呈现规模报酬递增的特征，也就是说，大规模生产该种产品，可以使其生产成本降低，即长期平均成本曲线向下倾斜。在这种情况下，这种行业只需要一家企业就可以满足整个市场的需求，而且该企业也可以通过大规模生产达到最低的生产成本。这时，如果有两家或者两家以上的企业进行生产，则可能由于规模不够大，反而造成较高的生产成本和社会资源的浪费。如城市的电力供应、煤气供应、自来水供应等公共事业都是典型的自然垄断行业。由于这些行业有一家企业就能够实现最低的生产成本，因此，政府往往通过授予独家经营权给一家企业来进行垄断经营，但是为了规避完全垄断的缺陷，政府也会采取一些措施对这类企业加以规制。

三、垄断企业的需求曲线与收益曲线

在完全垄断市场中，由于处于垄断地位的企业是某种产品的唯一生产者和销售者，因此，该垄断企业的需求曲线也就是该产品的市场需求曲线。与其他市场结构相同，垄断企业的需求曲线（市场需求曲线）是一条向右下方倾斜的曲线，即市场价格越低，人们购买商品的数量也越多，价格越高，购买的数量就越少。这就说明垄断企业的产品销售价格与销售量的变化方向相反。

边际收益是增加或减少一个单位销售量所带来的总收益的变化，由于垄断企业需求曲线（市场需求曲线）斜率为负，呈向下倾斜，这意味着垄断企业在增加产量的同时必须降低价格。因此，垄断企业的销售量每增加一个单位，所增加的边际收益总是比以前要低，边际收益总是小于价格，在图形上表现为边际收益总是处于需求曲线的下方。

由于垄断企业的销售收入 = 销售价格 × 销售产量，因此，垄断企业提高价格必然会降低销售量，而降低价格必然会增加销售量，即提高或降低产品价格必然是以销售量减少或增加为基础的。那么，提高或降低价格对垄断企业的收益有什么影响呢？这主要取决于需求价格弹性。如果需求价格是富有弹性的，垄断企业可以通过降低价格，增加销售量获得更多的收益；反之，如果需求价格是缺乏弹性的，垄断企业可以通过涨价，减少销售量增加收益。因此，完全垄断企业在没有竞争对手的情况下，企业的经营重心是研究消费者的需求弹性。

一般来说，当需求价格弹性大于 1 时，提高价格会减少收益；当需求价格弹性小于 1 时，提高价格会增加总收益；当需求价格弹性等于 1 时，提高价格总收益不变（见图 6-7）。

即：若 $|E_p| > 1$，则 $MR > 0$，说明总收益随着价格的下降而增加。

若 $|E_p| < 1$，则 $MR < 0$，说明总收益随着价格的下降而减少。

若 $|E_p| = 1$，则 $MR = 0$，说明总收益达到最大值。

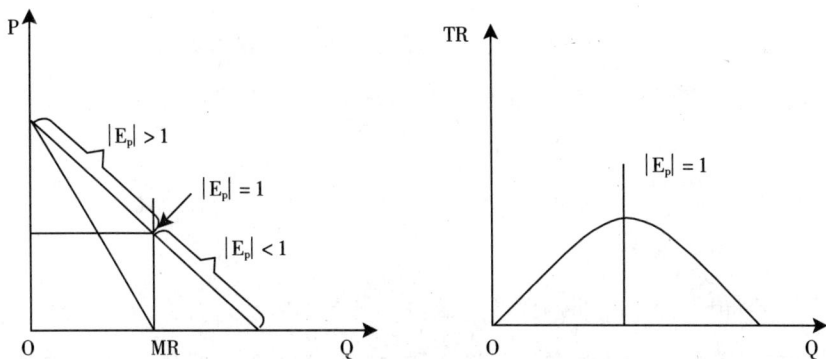

图6-7 垄断企业的需求曲线与收益曲线

四、完全垄断企业的利润最大化

在完全垄断市场中，垄断企业也期望达到利润最大化，因此，垄断企业需要根据已知的市场需求变化规律来安排生产并且在低价多销和高价少销之间进行权衡，确定合适的产量和价格，以便取得最大利润。

👨‍🎓 【拓展阅读】

为什么中国移动和中国联通可以向用户征收漫游费

一直以来，手机漫游费都是一个焦点问题。人们普遍认为运营商收取手机漫游费就像酒店收取"开瓶费"，侵犯了消费者的正当权益。但又是什么原因使得这项侵犯消费者权益的手机业务一直没有被取消呢？

在中国，不论哪家电信运营商都要收取漫游费，久而久之，被认为是理所当然。并且，运营商一直处于无竞争的状态，技术更新缓慢，自然不会主动放弃漫游费这笔丰厚的收入来源，而最终受侵害的是消费者的利益。其实，运营商之所以能够这样理所当然地收取漫游费，归根结底是由垄断造成的。

> 有专家分析说，我国电信企业的利润高达 20%，而在发达国家，电信业的利润极少有超过 10% 的。这鲜明对比说明，我国高额的电信资费为运营商带来了高额利润，形成垄断暴利。
>
> 资料来源：王宇. 经济学是拿来用的 [M]. 北京：中国工商联合出版社，2011.

垄断者利润最大化的准则也是边际收益等于边际成本，即 MR = MC。

面对市场需求曲线及相应的总收益和边际收益曲线，垄断企业获取最大利润时的产量即在边际成本曲线与边际收益曲线相交处取得。产量一旦确定，销售价格也随之确定，可见，市场需求曲线决定了两者关系。

图 6-8 表示了垄断企业利润最大化的产量和价格。

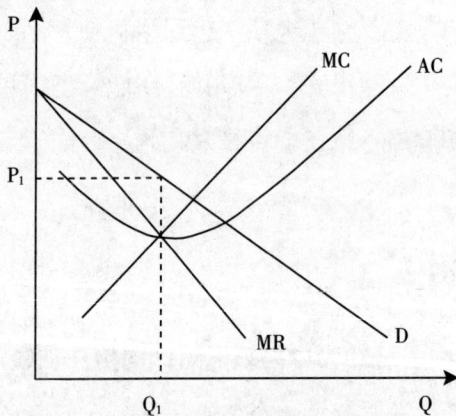

图 6-8　垄断企业利润最大化的产量和价格

从图 6-8 可见，Q_1 是由 MR 曲线与 MC 曲线的交点确定的利润最大化产量。如果产量小于 Q_1，就会有 MR > MC，即每增加单位产量所增加的收益大于所增加的成本，那么继续扩大生产就可以增加利润；反之产量大于 Q_1，就会使 MR < MC，即每增加单位产量所带来的收益的增加反而小于增加的成本，说明产量已经过大。在 Q_1 水平上，根据需求曲线，市场价格应为 P_1。图 6-8 还告诉我们，垄断企业通常能够获得超额利润。这是因为在 Q_1 产量水平，市场价格高于企业的平均成本。

需要注意的是，虽然垄断企业具有决定市场价格的完全权利，但垄断企业在决定市场价格的同时，也就决定了产量；反过来，垄断企业的产量一旦决定，市场价格也就确定了。由于垄断企业面对的是整个市场的需求曲线，因此，垄断企业销售价格与产量之间的关系就是由市场需求曲线所唯一决定的。在此意义上，垄断企业受到市场需求一定程度的制约。

五、政府对垄断的管制

（一）垄断的弊端

在完全垄断市场中，垄断企业可能利用自己的垄断地位，通过提高价格，使得社会福利减少。垄断主要存在以下弊端：

1. 高价格

在完全竞争市场中，市场中的价格定在平均成本曲线的最低点，企业只能获得正常的经济利润；但在完全垄断市场，垄断企业所制定的价格往往高于平均成本获得垄断利润，从而损害了消费者的利益。

2. 生产效率低下

从长期看，在完全竞争市场中，企业只能在长期平均成本的最低点生产，从而达到最优规模；而在完全垄断市场中，垄断企业的利润最大化产量并不在长期平均成本的最低点，未能达到最优规模，从而使规模经济性未能充分利用。

3. 产量不足

在完全竞争市场，企业在价格等于边际成本的生产点生产；而在完全垄断市场，垄断企业则在价格高于边际成本处生产，极高的进入壁垒又保护了垄断者，从而使得企业的产量不足。

（二）政府对垄断的管制

无论是垄断的反对者，还是垄断的支持者，都赞成政府对垄断产业的适度管制。政府对垄断的管制主要包括价格管制和法律管制。

1. 政府对垄断的价格管制

价格管制是指政府对垄断企业的定价做出规定，使得垄断企业只能按照这个价格销售它的产品。

价格管制主要有两种方式，即边际成本定价与平均成本定价。所谓边际成本定价，即要求垄断者将价格定在边际成本曲线与市场需求曲线的交点处。边际成本定价相当于把价格定在完全竞争条件下的市场均衡水平，因此边际成本定价是资源配置达到最有效率的境况，但其并不能消除垄断者的超额利润。针对这一情况，一些经济学家认为，应该采取平均成本定价的规制形式。平均成本定价就是由平均成本曲线和市场需求曲线的交点决定市场价格和产量。显然，这时垄断者的超额利润被完全取消了，就只能赚取正常利润。

2. 政府对垄断的法律管制

许多经济学家都认为，当一个市场的集中度过高时，会削弱这个市场的竞争程度，降低由竞争带来的资源配置的高效率。所以，各个国家，尤其是在市场经济程度比较高的国家，其政府大都有限制市场集中程度过高的反垄断法案。《中华人民共和国反垄断法》于 2008 年 8 月 1 日起开始施行，开启了我国反垄断法的新篇章。

【案例 6-4】

中国商务部否决可口可乐并购汇源

2008 年 9 月 18 日，商务部收到可口可乐公司向其递交的收购我国汇源公司的有关经营者集中的反垄断申报材料。11 月 20 日，商务部对此项经营者集中展开了立案审查。2009 年 3 月 18 日，中国商务部否决了可口可乐对汇源的收购，因此这一天可口可乐在中国吃了个闭门羹。

《中华人民共和国反垄断法》于 2008 年 8 月 1 日开始施行。它吸收了国际反垄断法的有益经验，并基本借鉴了其他国家反垄断法的总体框架和主要内容，确立了禁止垄断协议、禁止滥用市场支配地位以及控制经营者集中三大制度。同时又结合中国国情，体现了中国特色。

商务部依据《中华人民共和国反垄断法》的有关规定，从产品所占市场份额和市场控制力、市场的经营集中度与该集中对市场准入和产品更新换代的影响以及该集中对消费者的影响、品牌对市场（尤其是果汁饮料市场）竞争产生的影响等多方面进行了严格审查，也收集了各方意见，最后决定：此项集中不利于市场的有序竞争。

据此，商务部将其原因归结为以下三点：

1. 集中完成后可口可乐公司可能利用其在碳酸软饮料市场的领导者地位，对果汁饮料进行搭售或捆绑销售，甚至设定其他排他性的交易条件，集中限制果汁饮料市场竞争，导致消费者被迫接受更高价格、更少种类的产品。

2. 提高其他潜在进入者的市场进入门槛，潜在竞争难以消除此类限制竞争效果。

3. 集中还会阻碍国内中小型果汁企业的发展，造成生存艰难的局面，不利于饮料市场的良性竞争。

资料来源：王璇. 从可口可乐收购汇源遭拒的原因浅析中国反垄断法 [J]. 法制与社会，2009（32）.

（三）政府管制的低效率

我们必须承认，至今为止，政府管制本身的效率也是不高的。其原因有以下两个：

1. 政府管制常常会遇到信息的不对称问题

被管制的垄断企业对市场的需求情况和自身的生产成本结构非常清楚；而作为管制者的政府往往对市场需求及其变化和厂商的成本结构不甚了解。在这种情况下，即使政府部门真的从社会福利最大化的角度出发，以公众利益为唯一目标，也不一定每次都能做出合理的判断和决策。政府相关部门对市场准入、价格、产品质量等方面的审查很有可能是片面的，甚至是错误的。政府在决策上失误所带来的社会效率的损失有时候可能超过垄断所造成的效率的损失。

2. 政府部门的公正性问题

政府部门的社会管理职责与政府部门中的工作人员的个人利益动机也不一定

总是一致的。一些政府官员由于个人的感情偏好和利益偏好以及其他原因，可能做出一些不能导致公众利益最大化的政策选择，使垄断引起的低效率并没有得到有效的抑制。这在很大程度上又是因为公众对政府的监督环节出现了信息不对称。

（四）政府打破垄断的实践

放松管制并不等于听任垄断泛滥，由于垄断会产生效率损失，而政府对垄断的管制本身也会出现低效率，所以许多国家都会根据市场和技术的发展，不失时机地去打破垄断，努力营造竞争的氛围。也就是说，通过打破垄断（而不是限制垄断），建立竞争新秩序的手段代替政府的直接管制。从各国打破垄断的实践来看，常用的手段主要有分割垄断企业和引入竞争企业两种典型方式。

分割企业是一种直接降低其市场影响力的手段，如美国在 20 世纪末试图对微软公司的拆分，就属于政府主导的意图打破垄断的重要措施。

分割垄断企业又可以分为按照业务种类的纵向分割和按照地域分布的横向分割两种。纵向分割一般是指在整个产业链中，将那些不存在显著规模经济的市场业务从垄断企业中剥离出来，使其形成竞争。但同时，对于那些规模经济显著的市场仍限制进入，允许垄断并加以管制。对那些自然垄断的行业，通过实行纵向分割，既可以鼓励和扩大市场的竞争，又避免重复建设，减少社会成本。但纵向分割的不良后果是：分割后的上游企业在与下游企业交易中占有太大的优势，市场力量的不平衡仍然会导致消费扭曲；而且纵向分割引起的双重加价和企业交易成本增加也会使社会福利减少。

与纵向分割不同，横向分割通常将企业按区域分割，该措施的最大好处是能迅速造就若干旗鼓相当的市场主体，避免由于在位企业的先动优势而使竞争受阻；但其不足之处在于，这种分割会出现区域垄断企业之间的合谋的可能性，加重政府监管的负担。

另外，引入外部的竞争企业，并辅以相应的政策，也可以加强市场的竞争力量。但新进入者的竞争弱势与在位企业的策略性行为抗衡，可能会削弱竞争效果。

总之，这两种方式各有利弊，政府在实际运用中要权衡比较，统筹兼顾，并充分考虑各个产业的固有特征。

本章小结

不同行业的企业选择市场营销的方式不尽相同。农产品市场的广告寥寥无几，化妆品市场却要依靠广告来提高知名度，石油市场上各大企业之间的勾结司空见惯，自来水、电力等行业就是独断专行。这些不同的营销方式是由企业所在的市场结构决定的。市场营销讲求市场定位。而确定自身企业处于什么市场结构就是市场定位之一。

可见，竞争是市场经济的本质特征，但并非所有企业都面临激烈的竞争市场。根据自身企业市场结构的特征，制定策略才是关键所在。

第七章　企业定价决策

参观迪士尼世界：票价不能一刀切

当你去佛罗里达州的迪士尼世界游玩时，你的门票价格受你的年龄、居住地和职业等多方因素的影响。

在 2005 年夏天，成年人去迪士尼参观的一年期门票是 421 美元；而 3~9 岁的儿童，是 358 美元。另外，三岁以下的儿童进园内参观是不需付费的。佛罗里达的本地居民需要支付 318 美元，如果他们同时还是 Auto Club South 成员的话，则只需要支付 307 美元。现役军人需要支付的门票价格则是 385 美元。那么，为何迪士尼对于同样的商品设定这么多不同的价格呢？

在前面的章节中，我们假定企业就某种商品对于所有的消费者会收取相同的价格。但是在现实生活中，很多企业并不会将价格一刀切，而是根据消费者对商品的支付意愿来收取不同的价格。定价问题一直是困扰很多企业的一个难题，它们需要制定一个合理公平的价格以获得最大利润。

迪士尼公司于 1923 年由沃尔特·迪士尼和他的兄弟罗伊·迪士尼建立，兄弟俩冒着破产的风险为他们超前的娱乐理念进行投资。他们出品的《汽船威利》和《白雪公主和七个小矮人》获得了很大成功，也为他们带来了丰厚的回报。

在 20 世纪 50 年代早期，沃尔特·迪士尼就预期到公众对于主题公园的需求。那时候的游乐园通常只有像过山车和摩天轮之类的游戏工具，而公园的名声又不太好，经常有许多未成年人和青少年在那里聚集，因而有小孩子的家庭鲜有去那里游玩的。迪士尼相信会讲恐怖故事的主题公园会比游乐园更有吸引力，但是这类型的公园还史无前例，并且很多投资者惧怕风险都不敢拿出资金去建设。于是，迪士尼雇用了一位经济学家来评估主题公园的可行性，那位经济学家在参观了现有的公园后，对迪士尼说："告诉你的老板，让他省省自己的钱吧。让他去做自己分内的事情，把娱乐业交给那些熟知这个行业的人们去经营吧。"最后，迪士尼以每周一期的电视节目为条件得到了 ABC 电视网的资助。

在迪士尼乐园 1955 年 7 月于加利福尼亚州的 Anaheim 开放的时候，票价问题是迪士尼公司当时的首要难题。由于当时大部分的游乐园是免费的，因此迪士尼公司犹豫是否应该对游客收取费用呢？是否应该对公园内的每一项游乐服务单独收费呢？最后，迪士尼决定对游客收取一个较低的门票价格：成人 1 美元，儿童 0.5 美元，但进入园内后玩游乐设施还需另外付费。这种对入门和服务使用所采取的独立收费制度一直延续到 20 世纪 80 年代，之后，就被现在的收费制度所替代。今天，迪士尼乐园和迪士尼世界的门票价格相对来说是很高的，但是公园内部的游乐设施服务却都是免费的。

资料来源：格伦·哈伯德，安东尼·奥布莱恩. 经济学（微观部分）[M]. 北京：机械工业出版社，2005.

【案例启示】为什么迪士尼要改变它原先的定价策略呢？在本章，我们会学习一些常见的定价方法和定价策略，将会看到迪士尼是如何通过定价策略来提高盈利水平的。本章并非是提供一套指导企业定价的标准范式，而是试图为决策者提供一种在确定商品价格时可供参考的思维框架，以帮助企业适应各种不同的价格竞争形态，提高决策的正确性。

本章您将了解到：

● 影响企业定价的因素

● 企业常用的定价方法和定价策略

第一节 定价决策概述

如果让一个商人按兄弟情义的原则出售其商品，我断定，不出一个月，他的孩子就会沦为乞丐。

——弗雷德里克·巴师厦

一、企业的定价目标

企业的定价目标是指企业采用一定的定价决策所希望达到的目的。定价目标是企业制定价格的基础，因为，企业所有的价格决策都是以实现定价目标来进行的。企业常见的定价目标主要有以下几个方面：

（一）追求利润最大化

任何一家企业都想要实现企业利润最大化，因此，企业追求利润最大化是每一家企业制定价格决策的目标。但是，追求利润最大化并不意味着追求最高价格。因为，当某个企业的产品在市场中处于绝对优势时，它固然可以制定高价，并因此获得高额利润，但与此同时，由于该类产品的价格很高，必然使得市场需求量减少，并使得更多的企业加入该市场中，市场竞争加剧，替代品增加，从而导致长期维持该产品的高价几乎成为不可能。所以，追求利润最大化并不是追求最高价格，只有采用合理的定价策略才能使企业获得利润最大化。

追求利润最大化这一定价目标，通常包含着两种含义：一是长期利润最大化；二是整体利润最大化。其中，长期利润最大化要求企业的定价策略要从长远着手，对企业的长期利润做出安排，以保证企业的持续发展。整体利润最大化要求企业的定价策略要从产品整体的角度来考虑，提高企业的整体利润水平。

（二）获得一定的投资收益率

对于一个企业来说，任何一项投资都希望取得一定的投资收益。因此，获得一定的投资收益率通常也是企业制定价格决策的目标。由于不同的企业自身条件的差别，使得各个企业的投资收益率也各不相同，但无论企业处于什么样的条件，在确定自身的投资收益率时，都要进行相应的投入产出分析，制定合理的预期投资收益率。确定了预期的投资收益率后，企业就可以预期的投资收益率为标准，根据企业产品成本加上预期的投资收益率作为产品的价格。需要注意的是，在确定投资收益率时，应当对市场进行深入的研究，使得企业所制定的价格既能够实现，又能够为消费者所接受。

（三）保持或提高市场占有率

市场作为企业生产和发展的基础，保持和提高市场占有率对任何企业来说都是十分重要的，因此，保持和提高市场占有率也是企业制定价格决策的目标。从市场占有率出发确定的企业定价目标主要基于以下两个因素来考虑：一是为了维持企业原有的市场份额，尽可能地延长产品的盈利周期；二是为了打破市场均衡，开拓新的业务市场，扩大市场份额。虽然企业的定价决策是保持和提高市场占有率的一个重要因素，但仅仅依靠价格这一因素，企业往往难以达到这一目标，因此，企业还需要利用一些非价格因素来占有更多的市场份额。

（四）应付和防止竞争

竞争作为市场经济的一项本质特征，是每一家企业都无法逃避的现实，因此，企业在对产品进行定价时，一般也都会将如何应付和防止价格竞争作为定价目标。通常来说，企业在对自己的产品进行定价之前，都会广泛地收集与竞争者类似的产品的质量、价格、品牌等有关信息，并在此基础上制定适合该企业的价格决策。以应付和防止竞争为定价目标的企业，通常在成本和需求发生变化时，只要原有的竞争对手维持原价，则它们一般也维持原价；而竞争对手的价格发生变化时，它们也会相应调整其产品的价格。

综上所述，虽然每一个目标对于任何企业都很重要，但是，这些目标对于一家具体企业来说，它们的重要程度却是不同的，因此，每一家企业都应该根据自身的实际情况，来确定定价目标。

特别是关于新产品的定价方面。大多数消费者对创新产品的价格敏感程度都相对较低，因为在没有其他品牌的产品比较的情况下，价格是他们检验质量的主要工具。因此，刚开始消费者可能不会对创新产品有需求，除非他们认识到产品能给自身带来好处。由于顾客缺乏确定产品价值和公平价格的参照物，就可以理解为什么有些新产品即使制定了低于产品价值的价格也不会吸引潜在购买者，而革新者却倾向于为新产品制定高价格。①

在市场导入期，顾客对产品了解不充分，企业的主要目标是培养潜在顾客，促使他们将注意力转移到新产品的价值上。因此，创新产品的定价应该考虑能向市场传达产品价值的信息。

二、影响定价的主要因素

一般说来，影响定价的主要因素有以下几个方面：

（一）成本因素

毫无疑问，成本是影响一个企业产品定价的首要因素。任何企业生产产品时，都要耗费一定的成本。为了企业的生存和发展，在产品定价时，首先要考虑对成本的抵补和回收，否则企业的生产就无法持续地进行下去。生产产品的成本越低，产品的定价就可以相对低一些；生产的产品成本越高，则产品的定价也相应得高一些。从长期看，企业产品的定价要大于其平均成本。

（二）需求因素

市场需求与价格之间具有一定的函数关系，因此，需求因素也是企业制定价格决策的一个重要因素。市场需求与价格之间的关系可用需求价格弹性来反映，需求价格弹性大的商品，表明消费者对产品价格具有很大的敏感程度，而需求价格弹性小的商品，表明消费者对产品的价格不太敏感。消费者对不同产

---

① 叶德磊，孙斌艺. 管理经济学［M］. 上海：格致出版社，上海人民出版社，2009.

品的敏感程度不同，企业所制定的价格决策一般也不同，因此，企业在制定价格决策时必须充分考虑需求因素，以便准确地把握市场，使产品价格更能为市场所接受。

（三）竞争因素

在现实生活中，处于完全垄断的企业是很少存在的，大多数企业都或多或少地处在竞争的市场中，因此，竞争因素也就成为企业制定价格决策的一个重要因素。企业之间的竞争越激烈，竞争因素在定价决策中所占的位置就越高。而企业在研究市场的状况时，重点应把握竞争对手的状况，如竞争对手的实力、竞争对手产品的质量和特点等。

此外，由于竞争是个动态的过程，企业应当持续地关注市场竞争信息，特别是竞争对手的信息，并根据实际的竞争情况来调整自身产品的价格水平，从而在竞争市场中赢得价格优势。

除了上述因素外，影响产品定价的因素还有很多，如产品自身的特点、社会、文化等因素。企业在进行定价决策时，需要对影响定价的这些因素有清晰的认识，只有这样，才能够做出正确的价格决策。

【拓展阅读】

凡勃伦效应

平常人居家过日子，总是喜欢货比三家，拣便宜的买。但那指的是一些日常用品，如柴米油盐酱醋茶。若新娘买钻戒，只要经济实力强，总希望钻石越大越好，价钱越贵越好。其实，消费者购买钻石类商品的目的并不仅仅是为了获得直接的物质满足和享受，更大程度上是为了获取心理上的满足。生活中这些奢侈品就是为了满足人们的心理享受的。这就出现了一种奇特的经济现象，即一些商品价格定得越高，就越受到消费者的青睐。这种现象被称为"凡勃伦效应"。

它是指商品价格定得越高越能畅销。消费者对一种商品的需求程度因其
标价较高而不是较低而增加，反映了人们进行挥霍性消费的心理愿望。

资料来源：宁牧达. 20 几岁必须要知道的经济学常识 [M]. 北京：石油工业出版社，2010.

第二节　常用的定价方法

有效地掌握定价方法是制定正确价格决策所必不可少的。

——企业界名言

企业在制定价格决策时，一般主要考虑商品的成本、市场需求和竞争状况三
大影响因素，并结合产品的实际情况做出相应的决策。企业常用的定价方法主要
有以下几种：

一、以成本为基础的定价方法

（一）成本加成定价法

成本加成定价法是企业最常用的一种定价方法。它是在生产和销售某种产品
的单位平均成本 AC 的基础上，加上一定比例的目标利润 r（利润率），求得的产
品价格 P。其计算公式如下：

$$P = AC(1 + r) \tag{7-1}$$

按照这一方法，企业产品的定价分为三个步骤：①估算单位产品的变动成
本；②估计固定成本，然后按照标准产量，把固定成本分摊到单位产品上；③在
以上基础上，得出单位平均成本，然后乘以一定比例的目标利润，即可得到价格。

【案例 7-1】

通用汽车的加成定价

几十年来，通用汽车公司都是实行加成定价法，其预期的税后利润为总投入资本的 15%。公司的管理者假定第二年他们能够销售的汽车数量达到产量的80%，再估算每辆汽车所花费的成本，然后在成本上加上一个足够大的加成得到的最终价格就是标准价格。这个价格能够保证企业得到理想的利润。通用汽车公司的高标准价格政策委员会把这个标准价格作为一个基本价格，再综合竞争环境、公司的长期目标等各方面的因素对这一基本价格作出适当调整。

在 20 世纪 60 年代，美国主要的其他汽车生产商福特和克莱斯勒，也是采用类似流程每年为各种型号汽车制定价格。这些价格一旦宣布，一般在整个年度内都是固定不变的，只是到了年底清理库存会给予一定的折扣。

资料来源：周勤.管理经济学［M］.北京：北京师范大学出版社，2008.

成本加成定价法的优点是计算比较简单和方便，只需要相关的成本数据，就可以很快地得出结果。此外，这种定价方法不考虑需求因素，使得产品价格一旦确定，就可以在一段时间内保持相对稳定。而且，企业在成本的基础上加上合理的利润，对于消费者来说易于接受，并且能够在生产成本增加时，相应地提高产品的价格。

然而，这种定价方法是根据会计成本计算的，没有考虑到机会成本，而且有些产品的平均可变成本和平均固定成本的估算是十分困难的，尤其是对那些平均成本变动范围比较大的产品，甚至无法估计其平均成本。

（二）增量分析定价法

增量分析定价法是通过计算由价格决策导致的利润变化量来预测定价方案的效果。也就是说，它是分析实施新决策后利润是否有增量来判定决策的可行性。如果增量利润为正值，说明该定价方案的价格是可以接受的；如果增量利润为负值，说明该定价方案是不可接受的。其中，增量利润等于所采取的定价方案所引起的增量收入减去增量成本。

　　成本加成定价法和增量分析定价法虽然都是以成本作为定价基础，但是，成本加成定价法是以平均成本加上利润作为定价基础，而增量分析定价法的定价基础为增量成本。事实上，可以将增量分析定价法看做边际分析法的具体运用。增量利润是边际收益与边际成本的差额，增量利润为零时，也就是边际收益等于边际成本，企业利润达到最大值。但是在具体计算时，并不以边际收益等于边际成本的条件求取利润的极大值，而是用边际收益减去边际成本是否大于零，作为定价方案是否可行的判断标准。

【案例 7-2】
航空公司增加航班的考虑

　　某航空公司在甲、乙两地之间存在一个航线，每一个航班需要花费全部成本 10 万元。其中包括飞机折旧、机场设施等固定成本 6 万元。如果在甲、乙两地之间增开一个航班需要增加成本 1 万元，而增加一个航班的票价收入为 3 万元。问是否在甲、乙两地之间增开航班？

　　解：根据题意和已知条件，可以得出：

　　甲、乙两地增加一个新航班的增量收入为 3 万元。

　　甲、乙两地增加一个新航班的增量成本为 1 万元。

　　因此，增加 A、B 航线一个航班的增量利润为 3-1=2（万元），大于零。

　　从增量分析定价法来考虑，在甲、乙两地之间应当增开新航班。

　　增量分析定价法最适用于在短期经营决策中，企业原来正常的生产任务并没有使生产能力得以全部发挥，存在剩余生产能力的企业。这时，由于固定成本已经分摊，接受新任务后总固定成本将不会增加，增加的仅仅是变动成本，所以，对于新任务的定价就可以变动成本为基础，通过比较增量收入和增量成本的大小来进行定价。

　　运用增量分析定价法进行定价时，应当注意以下问题：增量成本分析法的增量利润应当是定价决策所引起的各种效果的总和。在现实生活中，企业往往生产多种产品，其需求之间存在相互补充或替代关系，当其中一种产品变动价格时，就会影响到其他有关产品的需求量。因此，一个企业在确定某种产品的价格时，不仅要孤立地考虑一种产品的单一增量利润，还要考虑与该种产品相关的多种产品的综合效益。

【案例 7-3】

增量成本 PK 平均成本

路易威斯尔和纳什维尔铁路当局向洲际商业委员会提出申请，要求批准把一条铁路线上的运输价格从每吨 11.86 美元降为 5.11 美元。企业此举的意图就是要与一家从事汽车—轮船运输的公司进行竞争。在铁路运输中大部分的成本是无法具体分摊到某条确定的铁路线上的。在上述铁路线上，总平均成本为每吨 7.59 美元，但增量成本只有 4.69 美元。由于用汽车—轮船运货的固定成本比较低，它的总平均成本几乎和增量成本相当——约为每吨 5.19 美元。

铁路当局认为，5.11 美元的运费是应当允许的，因为它超过了 4.69 美元的增量成本。但其竞争对手汽车—轮船公司则反驳，称其所提出的铁路运费是不公平的，因为它低于企业的总平均成本——每吨 7.59 美元。最终，洲际商业委员会否决了铁路当局的降价请求，而其决策的依据就是总平均成本。

资料来源：克雷格·彼得森，克里斯·刘易斯. 管理经济学 [M]. 吴德庆译. 北京：中国人民大学出版社，2003.

二、以竞争为基础的定价方法

在激烈的市场竞争中，企业为了应付和防止竞争，往往采取以竞争为基础的定价方法。以竞争为基础的定价方法是指企业在制定价格时，主要以竞争对手的价格为基础来确定价格。这种定价方法主要包括以下两种：

(一) 随行就市定价法

随行就市定价法就是企业把自己的产品价格保持在同行业平均价格水平来确定本企业产品价格的一种定价方法。它实际上是参照竞争产品现行或类似产品的价格而直接确定，可以减少竞争风险，保持同行业的平均利润水平。

一般来说，企业在产品上和竞争对手没有明显差别，且销售量占整个市场销售量很小的份额，或希望在得到平均利润水平以及不愿打乱市场现有的正常秩序的情况下，为了避免在激烈竞争中被挤出市场，通常采用比较稳妥的随行就市定价法。

(二) 掠夺性定价法

掠夺性定价法是企业故意降低价格（甚至低于生产成本）向市场出售产品，以此挤走现有的竞争对手或潜在进入者，以便取得对市场的支配权，然后再提高价格从中牟利的一种定价方法。

掠夺性定价法要求企业以较低的价格出售产品，可能导致企业在短期内面临亏损，只有在将竞争对手赶出市场后，才能够提高价格获取利润。但是这样做存在着一些问题：一方面原有企业实行掠夺性定价的损失要大于新进入行业的企业；另一方面当竞争对手退出该行业后，随着原有企业提高价格，又有新的进入企业，这时原有企业将不得不再次实行掠夺性定价，从而形成恶性循环，使原有企业必须长期维持较低的价格，如果这个价格低于成本，就会造成长期的损失，那么原有企业的掠夺性定价就会变得不可行。

三、基于客户价值的定价方法

在现实中，消费者往往会对某些商品的价值做出自己的判断，而这种判断反映的是这种商品在消费者心目中质量、用途和服务质量的理解，然后，根据这一判断，消费者就会对商品进行自我估价，从而企业可以按照产品在消费者心目中的价格进行定价决策。

基于客户价值的定价方法与基于成本和竞争的定价方法不同，它着眼于长远利益，注重客户对企业产品的价格接受。一般来说，企业通过广告宣传或其他传播途径，把企业产品先介绍给消费者，使得消费者对产品的有关知识有一个初步的认知，然后通过市场调查，了解消费者对这种商品的价格定位，并以此作为企业制定该产品价格的标准。

基于客户价值的定价方法的关键是企业要对消费者为了购买该种产品所愿意承担的价格水平进行正确的估计和判断，这就要充分考虑顾客的消费心理和需求弹性。企业在使用基于客户价值的定价方法时，可以通过一些手段来影响消费者对产品价格的定位。如企业可以通过大量的广告宣传，提升品牌知名度，从而使得顾客对这一产品的价格另眼相看，实现产品较高的定价。

第三节　常用的定价策略

一个低劣的定价策略给整个企业所带来的代价要远大于我们眼前所能看见的部分。

——菲利普·科特勒

旅游景点区的食品卖得比居民区贵，也许会让人有趁火打劫之感。但静下心来一想，生活中这种现象并非罕见。新上市的服装比过季服装卖得贵；新上市的电子产品常常定价高昂，几个月后就大幅缩水；商场会员购物可享受九折，非会员则没有任何优惠。其实，这些不同的定价策略都是商家为了获得利润的把戏。当然，各种不同的定价策略所面向的人群和可获得的利润也不尽相同。

一、新产品定价策略

在新产品定价中，由于新产品在市场上没有类似的产品，只有运用特殊的定价方法来确定新产品的价格。这里存在两种相互对立的定价策略可供选择：一种是撇脂定价法；另一种是渗透定价法。虽然这两种定价策略是相互对立的，但实际上，它们分别是在不同的市场环境下为赚取企业最大利润而制定的不同的定价策略。

（一）撇脂定价法

撇脂定价法是一种高价格策略，是指企业在新产品上市初期把价格定得较高，以便在较短的时期内收回投资，获得利润。它实质上是差别定价法的一种，即随着时间的推移而定出不同的产品价格。

企业利用撇脂定价法的目的在于：一方面，在新产品销售初期，由于不存在竞争对手，这时把产品价格定在高位，可以迅速获得高额利润，收回投资；另一方面，随着竞争者不断加入该市场生产产品，则可以通过降低产品价格，把竞争对手挤出市场。

撇脂定价法存在以下优点：

1. 使新产品价格本身留有余地

由于价格存在上升的刚性，易降不易升，如果某种产品一开始就把价格定得很低，就会使该产品没有降价的空间。如流行的新款服装一般在刚开始都会把价格定得很高。人们经常看到的服装市场上的降价大甩卖，实际上在该服装流行时，企业已经通过高价出售获得了高额利润，使得在该服装逐渐不流行时降价处理并不会导致亏损。

2. 获得消费者的注意

由于新产品价格定在高位，从而给消费者造成商品质量优良的感觉，容易获得消费者的注意。反之，如果价格定得很低，不论该产品质量如何，消费者也可能认为该产品质量比较差，对消费者没有任何的吸引力。基于这一消费心理，企业在制定新产品价格时，需要把价格定在高位以迎合这一消费心理。

撇脂定价法的缺点在于：由于产品价格定得很高，一方面，损害了消费者利益；另一方面，会刺激竞争者迅速加入到该市场，加速市场激烈竞争的到来，导致高价不能够得到长期的维持。

（二）渗透定价法

渗透定价法是一种低价格策略，是指企业在新产品上市的初期把价格定得很低，使得产品能够很快被市场接受，以迅速渗透到市场，占据较大市场份额，阻止其他企业进入。

企业利用渗透定价法的目的在于：一方面，通过采用低价格策略，可以使企业的新产品能够迅速占领市场，然后，等消费者逐渐接受该产品后再提价；另一方面，通过使用低价格策略，可以使企业的产品挤进现有市场中去，从而瓜分市场份额。

渗透定价法适用于竞争比较激烈，消费者经常购买的日用品市场。对于那些需求价格弹性大的产品来说，由于消费者对价格十分敏感，因此，可以通过低价刺激其需求量，占领市场份额，阻止竞争对手进入该市场。此外，由于销售量的不断扩大，从而使企业的生产规模扩大，如果该企业的规模经济性比较明显，这时又可以反过来降低成本，为进一步降价提供了基础。当企业达到了它的市场渗透目标，就可能开始把注意力转移到增加利润上来，这时可以通过产品质量的改进和创新，再逐步提高价格，从而获得更大的利润。

渗透定价法是一种为了实现长期利润目标而牺牲短期利润的定价方法。但是，企业在选择渗透定价法之前，应当充分估计该种新产品市场的进入壁垒。如果这一市场除了低价格以外没有其他明显的进入壁垒，那么以后企业可能无法提高价格。这是因为等企业提高价格以后，就会有大量的潜在竞争者进入市场，从而影响企业占有的市场份额。此外，企业还应该充分考虑采用渗透定价法迅速打开市场的可能性，如果最终低价不能打开市场或遇到强有力的竞争对手，这时企业可能就会遭受重大损失。

撇脂定价法和渗透定价法作为两种新产品的定价策略，它们都有自己的优势和劣势，这时企业就必须根据所面临的实际情况做出选择。

【案例 7-4】

iPod 的经销策略

苹果 iPod 一经推出，就在市场上获得了巨大的成功，这是为什么呢？苹果公司第一款 iPod 零售价高达 399 美元，即使对于美国人来说，也是属于同类型产品中的高档品，但是很多"苹果迷"既有钱又愿意花钱，所以纷纷购买；苹果公司看到前景一片光明，认为还可以"撇到更多的脂"，于是不到半年又推出了一款容量更大的 iPod，定价 499 美元，销量一路大好。可见，苹果公司把撇脂定价法运用得恰到好处。

在什么情况下，企业可以采取撇脂定价法并且取得好的效果呢？

第一，市场上存在一批消费能力强且对价格不敏感的消费者，他们的数量庞大，能让企业获得丰厚利润。

第二，产品不易被竞争对手模仿，并且本企业生产的产品之间也有明显的差异性。

第三，当有竞争对手加入时，本企业有迅速转换定价方法的能力，通过提高性价比来提高竞争力。

第四，本企业的品牌的市场影响力较大。

只有具备了以上条件，企业才能采取撇脂定价的方法。

同时，企业必须明白，撇脂定价法并不是万无一失的。即使取得了暂时的成功，也可能会由于竞争加剧而变得落伍，企业需要做的是：要能对市场变化及时迅速地作出反应，主动从撇脂定价的高台阶上走下来，否则，一旦竞争对手生产出了相近的替代品并采取渗透性定价，企业就会付出惨痛的代价。

苹果 iPod 在最初采取撇脂定价法取得成功后，能根据外部环境的变化，主动改变定价方法。2004 年，苹果推出了 iPod shuffle，这是一款大众化产品，价格降低到 99 美元一台。之所以在这个时候推出大众化产品，一方面，市场容量接近饱和，占据低端市场也能获得大量利润；另一方面，竞争对手的产品与其产品的差异性逐渐缩小，苹果急需推出价廉物美的大众化产品来抗衡，但也同时销售高价格产品，仅仅把价格略微调低，这样，苹果公司在产品线的结构上形成了"高低搭配"的良好结构，改变了原来只有高端产品的单一格局。苹果的 iPod 产品在几年中的价格变化是撇脂定价和渗透式定价交互运用的典范。

企业之间的竞争除了产品还包括定价模式。企业一方面要善于利用撇脂定价法，抓住新产品推出后的有利时机，尽量攫取丰厚利润；另一方面要及时调整定价法，以应对竞争对手的挑战。

资料来源：http://finance.sina.com.cn/leadership/mxsgl/20060223/22572368351.shtml.

二、价格歧视策略

价格歧视的本质就是一种价格差异，通常是指企业在向消费者提供完全相同的商品或服务时，在不同的场合实行不同的销售价格。这里不同的场合是指不同的消费者、不同的市场或者不同的消费数量等。如工业用电和生活用电按不同的价格收费，军人、儿童和学生购买火车票给予某种优惠，产品的国内销售价格和国外销售价格不同。

实行价格歧视通常可以获得超额利润，但是企业要能够实行价格歧视，必须具备以下条件：

（1）企业对价格有一定的控制能力，只有这样才能够进行价格歧视，否则，竞争者就会以竞争价格破坏价格歧视。显然，在完全竞争市场条件下，由于企业只是价格的被动接受者，无法实行价格歧视。

（2）企业要能够根据一定的标准把产品市场划分为几个不同的子市场，而且各个子市场之间必须是相互隔离的，彼此之间不能进行产品倒卖，这样才能在各个子市场中制定相应的产品价格进行销售。

（3）对于不同的市场来说，它们的需求价格弹性不同。对于需求价格弹性大的子市场，价格可以定得低一些；对于需求价格弹性小的子市场，价格可以定得高一点。

根据价格歧视的程度，可把价格歧视划分为三个等级：一级价格歧视、二级价格歧视和三级价格歧视。

（一）一级价格歧视

一级价格歧视，又称完全价格歧视，是指企业对其所销售的每一单位产品都要根据消费者愿意购买该产品的最高价格，来单独确定每一单位产品价格的方法。在一级价格歧视中，假定企业知道每一个消费者对任何数量的产品所要支付的最高价格，而企业销售该产品的价格正好等于消费者所愿意支付的最高价格，就可获得每个消费者的全部消费剩余。如图 7-1 所示。

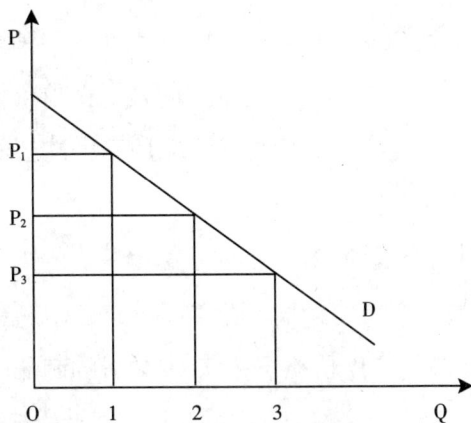

图 7-1 一级价格歧视

在图 7-1 中，如果将需求曲线看成由无数个点组成的话，那么需求曲线上的每一个点都反映了消费者为每增加一个单位的产品所愿意支付的最高价格。在企业施行一级价格歧视的时候，企业对每个消费者都收取了他为增加一个单位所愿意支付的最高价格，这时消费者就会没有任何消费者剩余（消费者剩余是指消费者为获得产品或服务愿意支付的价格与实际支付价格之间的差额），企业获得了最大的可能利润。如图 7-1 所示，企业以价格 P_1 销售第一件产品，以价格 P_2 销售第二件产品……显然，这是一种极端的情况，此时企业获得了最大利润，因为其剥夺了所有的消费者剩余。

在现实生活中，实行一级价格歧视是不太容易的。实行一级价格歧视的难处在于，企业必须非常清楚地了解市场需求曲线，了解每一个消费者的保留价格，不然的话，企业就无法按保留价格去剥夺消费者剩余。较为典型的一级价格歧视是拍卖市场。然而，当企业对顾客的需求有一定程度的了解时，还是有可能完全实行或近似地实行一级价格歧视。这种现象较多地发生在服装市场的摊主、医生、律师、会计师、建筑设计师等专业人员身上，此时，他们凭借对顾客的了解，或者通过讨价还价，能够较准确地估计出顾客愿意支付多少费用，从而就可能按顾客的保留价格来定价。

(二) 二级价格歧视

二级价格歧视是指企业对消费者购买一定数量的商品收取一种销售价格，而对消费者购买另外一定数量的同样商品收取另外一种销售价格。在二级价格歧视中，企业不是根据每个单位产品定价，而是根据单个购买者购买的数量大小来确定价格。显然，企业在二级价格歧视中所获得的超额利润要小于一级价格歧视。

在二级价格歧视中（见图 7-2），企业了解消费者的需求曲线，并把这种需求曲线分为不同段，根据不同购买量，确定不同价格。在图 7-2 中，在 P_1 的价格下销售 Q_1 数量的商品，在 P_2 价格下销售 Q_2 数量的商品……在二级价格歧视中，企业不是获得全部消费者的剩余，而是获得消费者的部分剩余价值。

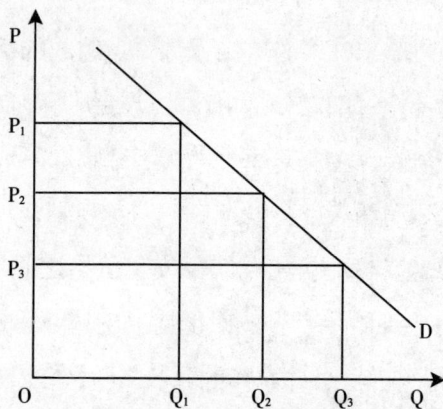

图 7-2　二级价格歧视

公用事业中的差别价格就是典型的二级价格歧视。如电力、煤气、自来水等部门制定的价格政策就是二级价格歧视。

（三）三级价格歧视

三级价格歧视是指企业对同样的产品在不同市场上实行不同的价格，以获取最高利润的定价策略。采用这种价格歧视，首先要把市场分为若干个子市场，然后企业按利润最大化原则，将产品分配到子市场，并按各个子市场的需求价格弹性确定产品售价。

实行三级价格歧视必须具备两个条件：一是同一产品的市场可以被分割成相互独立的子市场；二是分割后的子市场必须具有不同的需求价格弹性。一般来说，企业可以运用销售地点、产品的不同用途以及不同的时间等来把市场分割开来。如工业用电、农业用电收费的不同，旅游淡旺季风景点收费的不同。

【案例 7-5】

价格歧视策略

一级价格歧视典型例子就是汽车推销。一个成功的汽车推销员知道怎样使用价格歧视，来获取高额利润。推销员可以通过与顾客达成一种"交易"让利于顾客，也可以坚持让顾客支付汽车的全部价格。一个好的推销员知道怎样抓住顾客的心，并能准确判断如果他们得不到一个可观的折扣是否会转向其他地方。通常，那些假装离开要去别家店购买的顾客能获得一个比较大的优惠，但不假思索就决定购买的顾客就只能得到很小的优惠甚至没有折扣。

二级价格歧视的一个例子就是数量折扣。如批发服装，单买一件的价格为50元，而批发10件的价格为400元，平均每件40元。相比起来，购买数量越多越划算。

实行三级价格歧视的方法之一就是提供价格折扣，利用折扣来吸引那些不会以原价购买产品的消费者。与高收入群体相比，低收入者往往对电影票具有较低的保留价格。由于学生的可支配收入较低，因此电影院的管理者可以通过向学生收取低于成年人的价格来扩大观众数量。学生票折扣就是实现这一目的的一种方法。

三、转移定价策略

在现代经济社会中，现代化的大企业下面可能会设立许多的分公司。在这种组织结构中，各个分公司的经营活动可能是密切相关的。如一个分公司的产出是另一分公司的投入，从而就存在转移定价的问题。转移定价研究的就是分公司与分公司之间转让中间产品的价格制定问题。转移定价的高低与各分公司间的利润分配有直接关联，如果转移定价制定不当，就会使利润分配有失公允。尤为重要的是，如果转移定价制定不当，且各个分公司都是按照利润最大化原则来进行决策的话，那么分公司所做的决策可能会与总公司所做的决策发生冲突，导致总公司利润最大化的目标无法实现。为了实现总公司总体利润最大化，对于中间产品的定价，通常由总公司做出，以此来解决母公司和子公司之间经济利益和决策上的矛盾。

在此，我们分析中间产品有外部市场和中间产品无外部市场的两种转移定价问题。

（一）中间产品有外部市场的转移定价

假设某家大企业有甲、乙两家分公司，其中，分公司甲的产品既可以作为中间产品提供给分公司乙，也可以直接投放到外部市场（这里假设是完全竞争市场）。而分公司乙生产的产品作为最终产品直接投放市场。在这种情况下，确定转移价格就比较简单，即按照市场价格确定转移价格就好，这是因为，如果中间产品定得价格高于市场价格，那么分公司乙就会从市场上进行购买，而不会从分公司甲进行购买；而如果中间产品定得价格低于市场价格，那么分公司甲就会向市场进行出售，而不会向分公司乙进行出售。所以在有外部市场的情况下，中间产品的转移定价就等于市场价格。

在中间产品的价格确定以后，分公司甲和分公司乙该怎样确定各自的产量呢？在图7-3中，由于分公司甲面临的是完全竞争市场，所以它的需求曲线（$D_甲$）、中间产品的价格（$P_甲$）以及边际收益（$MR_甲$）都相等，在图形上表现为一条水平线。假定分公司甲的边际成本为 $MC_甲$，那么分公司甲为了实现利润最大化，它将在 $MR_甲 = MC_甲$ 处安排生产，这时它们的交点 $Q_甲$ 就是分公司甲的中间产品的产量。

在图7-3中，假定分公司乙所生产的最终产品是一个不完全竞争市场，它有一条向右下方倾斜的需求曲线（$D_乙$），相应地有一条边际收益曲线（$MR_乙$），再假定分公司乙生产最终产品的边际成本为 $MC_乙$。那么分公司乙为了实现利润最大化，它也将在 $MR_乙 = MC_乙$ 处安排生产，这时它们的交点 $Q_乙$ 就是分公司乙的中间产品的产量。

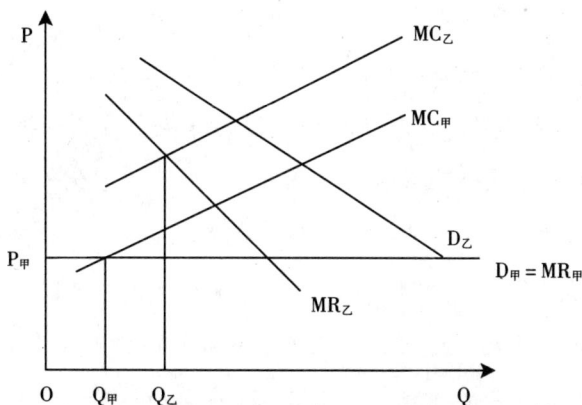

图7-3　中间产品有外部市场的转移定价

需要说明的是，虽然 $Q_乙$ 大于 $Q_甲$，即分公司甲生产的中间产品小于分公司乙的需求量，但是这并不意味着在任何情况下都会出现这一结果，事实上供大于求或供小于求均可能出现，这需要根据分公司甲具体收益和成本情况而定。当分公司乙对分公司甲的中间产品有超额需求时，分公司乙应转向外部市场购买，当分公司甲的中间产品对分公司乙有超额供给时，剩余部分应转向外部市场销售。不管哪种情况，两个公司之间的转移价格均以外部市场价格为准。

【案例 7-6】

新兴市场跨国公司的转移定价

一家跨国公司会由于不同的国家公司税率的不同、通货膨胀率、进出口关税和补贴等因素，既出现额外的利润机会，同时并存潜在的风险。如将一个企业的中间产品输入到某个高税率国家的半自治分部，对这个中间产品定价过高，而从高税率国家运来的中间产品定价过低。那么这个跨国公司可以最小化其税费支出来增加利润。因此，跨国公司在设定转移价格时，应保留大量的余地，以最小化它们的整体成本、最大化其利润。这在发展中国家是司空见惯的事，因为它们对跨国公司的转移定价实行的法律控制比发达国家要低效得多。

1986 年，有一项研究是针对在孟加拉国的跨国公司进行的，这项研究结果说明了跨国企业相对于本地经营者有许多重要优势。这些优势包括生产中的规模经济、母公司提供的高额研发费用、复杂且有效的市场技术、全世界范围的资金投入、高超的营销技能等。1975~1979 年的研究期间，从跨国制药公司的半自治分部进口的中间产品平均价格比本地竞争者进口的同样产品价格高 194%。排除了运输费用造成价格差异的原因后，可以推断在孟加拉国经营的跨国制药公司使用转移定价把大额利润转移到国外。

资料来源：多米尼克·萨尔瓦多. 管理经济学（第 6 版）[M]. 冷德荣，王伟等译. 北京：清华大学出版社，2009.

（二）中间产品无外部市场的转移定价

在中间产品没有外部市场的情况下，即分公司甲所生产的中间产品，只能全部供应给分公司乙，而分公司乙也只能从分公司甲处取得中间产品。那么中间产品的内部转移价格应该是多少？

在这样的情况下，必须首先确定总公司利润最大化的产量和价格是多少。在图 7-4 中，假定 $D_总$ 和 $MR_总$ 分别为最终产品的需求曲线和边际收益曲线，$MC_总$ 为总公司生产最终产品的边际成本。那么总公司为了实现利润最大化，它将在

$MR_总 = MC_总$ 处安排生产，这时它们的交点所决定的就是总公司生产最终产品的最优价格 $P_总$ 和最优产量 $Q_总$。显然，这一产量也是分公司乙所生产最终产品的数量。假定分公司乙一单位最终产品需要用分公司甲的中间产品，那么这一产量也是分公司甲所生产中间产品的数量。为了使分公司甲获得最大利润，那么中间产品的价格 $P_中$ 必须定在 $Q_总$ 垂直线与分公司生产中间产品的边际成本曲线 $MC_甲$ 的交点上，即 $P_中 = MC_甲$。

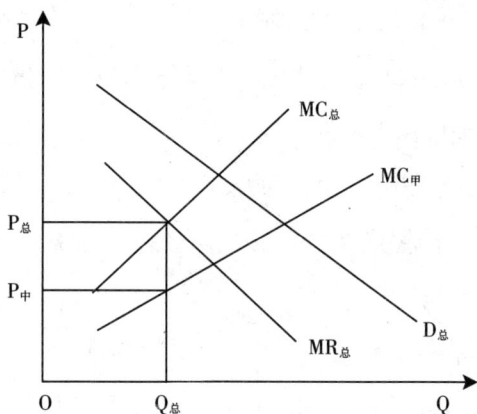

图 7-4 中间产品无外部市场的转移定价

由以上的分析可知，在中间产品无外部市场的情况下，中间产品的最优产量应当按照总公司的最优产量来确定，而价格应该定位在这个最优产量与边际成本的交点上。

四、多产品定价策略

在现实生活中，企业可能生产多种产品，在这种情况下，企业应当怎样确定这些产品的最优价格和产量呢？当然，如果企业生产的各种产品在市场需求和生产成本方面都是无关的，那么企业只需按照利润最大化的原则，即边际收益等于边际成本，来确定各种产品的最优产量和最优价格。但事实上，大多数企业的产品在需求和生产方面总是存在着一定的联系，这时，利润最大化时的价格和产量决策就要相对复杂一些。

在此，我们将分析需求关联产品定价和生产关联产品定价的两种定价问题。

（一）需求关联产品定价

为了分析方便起见，我们假定某企业仅生产需求上相互联系的两种产品，分别为产品 A 和产品 B。企业的总利润为 TR，可表示为：

$$TR = TR_A(Q_A,\ Q_B) + TR_B(Q_A,\ Q_B) - TC_A(Q_A) - TC_B(Q_B) \qquad (7-2)$$

其中，$TR_A(Q_A,\ Q_B)$ 为产品 A 的总销售收入；$TR_B(Q_A, Q_B)$ 为产品 B 的总销售收入；$TC_A(Q_A)$ 为产品 A 的总成本；$TC_B(Q_B)$ 为产品 B 的总成本。

式（7-2）表明，某种产品的销售收入是它本身销售量和其他产品销售量的函数，即一种产品的销售收入不仅取决于这种产品本身的销售量，而且还取决于其他需求相关产品的销售量。例如，如果产品 A 和产品 B 是替代品，那么产品 A 降价就会使产品 B 的销售量减少；反之，如果产品 A 提价就会使产品 B 的销售量增加。

利润最大化的一般原则是边际收益等于边际成本，对于产品 A 和产品 B 都应如此。若用 MR_A 和 MR_B 分别表示产品 A 和产品 B 的边际收益，用 MC_A 和 MC_B 分别表示产品 A 和产品 B 的边际成本，则利润最大化的条件为：

$$MR_A = \frac{dTR_A}{dQ_A} + \frac{dTR_B}{dQ_A} = MC_A \qquad (7-3)$$

$$MR_B = \frac{dTR_B}{dQ_B} + \frac{dTR_B}{dQ_B} = MC_B \qquad (7-4)$$

【案例 7-7】

产品定价的计算

假定某企业生产产品 A 和产品 B 两种，它们的需求弹性分别为：$P_A = 100 - Q_A$，$P_B = 200 - 2Q_B - Q_A$；两种产品的边际成本分别为：$MC_A = 50$，$MC_B = 70$。求该企业应分别将产品 A 和产品 B 价格定为多少，才能实现企业的最大化利润？

解：根据题意和已知条件，可以得出：

企业的总收益为：

$$TR = TR_A + TR_B = (100Q_A - Q_A^2) + (200Q_B - 2Q_B^2 - Q_AQ_B)$$

从而产品 A 和产品 B 的边际收益为：

$MR_A = 100 - 2Q_A - Q_B$；$MR_B = 200 - 4Q_B - Q_A$

当 $MR_A = MC_A$，并且 $MR_B = MC_B$ 时，该企业可以获得最大化利润。因此：

$$\begin{cases} 100 - 2Q_A - Q_B = 50 \\ 200 - 4Q_B - Q_A = 70 \end{cases}$$

解以上联立方程可得：$Q'_A = 10$；$Q'_B = 30$。

将它们代入需求方程可得：$P'_A = 90$；$P'_B = 130$。

即当企业的产品 A 和产品 B 的价格分别定在 90 元和 130 元时，该企业可以获得最大化利润。此时的产量分别为 10 个和 30 个。

产品按照需求方面的关系可以分为三种：独立品、替代品和互补品。接下来就对这三种类别分别进行解释。

1. 当产品 A 和产品 B 之间不存在需求的相互影响

即两者互为独立品时，它们中一种产品销量的变化，并不会引起另一种产品销量的变化，从而边际交叉收益为零。这时，企业只需按照所生产各个产品边际收益等于边际成本来进行决策即可。

2. 当产品 A 和产品 B 之间是替代关系

即互为替代品时，增加一种产品的销量必然导致另一种产品的销量减少，这时，交叉边际收益为负值，它使边际收益减少，从而与需求间相互独立的情况相比，企业倾向于选择较小的销量和较高的价格。

3. 当产品 A 和产品 B 之间是互补关系

即为互补品时，增加一种产品的销量会必然导致另一种产品销量的增加，这时，交叉边际收益为正值，它使边际收益增加，从而与需求间相互独立的情况相比，企业倾向于选择较高的销量和较低的价格。

【案例 7-8】

吉列的营销策略

吉列公司是众多生产和销售大量不同种类产品的企业中的一个。吉列公司销售各种类型的剃须刀、刀片、刮胡膏和许多其他个人护理用品，而这些产品很多在需求或消费上是互补的。如刀片和刮胡膏是剃须刀的互补品，因此降低一种产品的价格，将会提高另一种产品的需求（若该产品的需求富有弹性，就会相应地增加收益），从而提高其互补品的需求和总收益。吉列公司的价格战略就如此，剃须刀的定价较低，通过促销增加其销售量，再给刀片和刮胡膏定个较高的价格，依靠后者增加的收入来补偿前者的损失，给该公司贡献绝大部分的利润。然而，降低一种剃须刀的价格也会降低该公司其他替代品的销售量。因此，若企业生产相关多元化产品，在做最优定价时，必须时刻牢记这些需求的相互依赖关系。

20 世纪 70 年代，为了充分利用需求之间的相互关系，并实现对生产资源的充分利用，吉列公司对其产品进行了重新整合。2000 年 10 月，吉列辞去其原 CEO，来自纳贝斯克的詹姆斯·基尔茨上任，并对该公司组织结构和产品结构进行了大重组，意在缩减仅占总销售额 5% 的 75% 的吉列系列产品份额，集中主要资源于高利润产品上，如一次性剃须刀、基础电池和日用品。在 2005 年，吉列公司被宝洁公司收购后，又经历了一次大型重组，使其生产线与宝洁公司整合到了一起。

资料来源：多米尼克·萨尔瓦多. 管理经济学（第 6 版）[M]. 冷德荣，王伟等译，北京：清华大学出版社，2009.

（二）生产关联产品定价

有些企业在生产多种产品的过程中，这些产品之间可能会有一定联系。如果同一种生产要素能够生产出两种以上产品，我们称这些产品为关联产品。企业在生产关联产品时，一般存在两种情况：一种关联产品是按固定比例生产，如屠宰场生产的羊皮、羊肉、羊排等，它们之间的比例一般是固定不变的；另一种关联产品是按变动比例生产，如炼油厂既能将原油炼制成汽油，也能炼制成柴油、沥青等，生产比例是可按需要变动的。

1. 固定比例生产的关联产品

由于固定比例生产的关联产品之间的产量不能调整，它实际上是一组产品，而不是多个产品，因此，应当作为一个产品组合来进行分析。

假定某企业生产两种固定比例的关联产品，分别为产品 A 和产品 B，对于这两种产品来说，它们分别面临不同的市场压力，且具有各自的需求曲线，分别用 D_A 和 D_B 表示。两种产品组成的产品组的边际成本用 MC 表示，如图 7-5 所示。现在的问题是要确定这两种产品的利润最大化的价格 P_A 和 P_B 以及相应的产量 Q_A 和 Q_B。

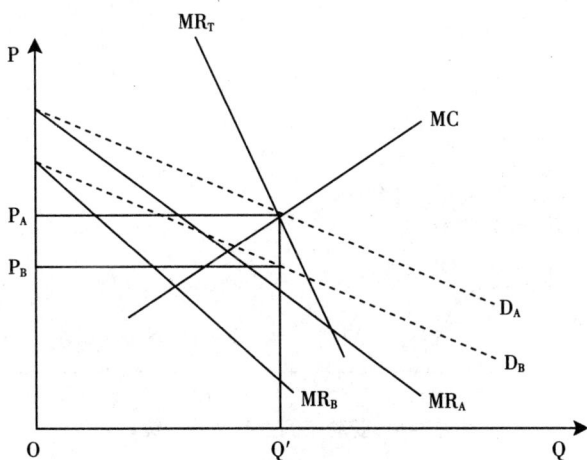

图 7-5 固定比例生产价格决策

根据两种产品各自的需求曲线，可以分别求出它们的边际收益曲线 MR_A 和 MR_B，把 MR_A 和 MR_B 相加可得产品组的总边际收益曲线 MR_T。由 $MR_T = MC$ 决定的产量 Q' 为该产品组最优产量。我们从产量 Q' 向上画一条直线，它与两产品的需求曲线的相交点，就是产品 A 和产品 B 利润最大化价格 P_A 和 P_B。

2. 可变比例生产的关联产品

如果关联产品可以按照可变比例进行生产，那么怎么确定这些关联产品的最优组合呢?

在图7-6中，假定某企业生产两种关联产品A和B，它们之间产量的比例是可以变动的。这时，根据产品A和产品B的产量组合，就可以画出一系列的等成本线C_1、C_2、C_3。再假设这两种产品的价格不变，那么就可以根据等成本线画出不同的等收益线TR_1、TR_2、TR_3。在同一条等收益线上，销售不同组合的产品获得的收益相等。这时，在这一平面坐标上，等收益线与等成本线的切点代表了不同成本水平上的最优产量组合。切点处表示在成本一定的条件下，收益最大化的点，而收益与成本之差就是利润。因此，这些切点就是相应的产品A和产品B的最优产量组合，把这些切点连在一起就组成了企业生产变动比例关联产品的最优产量组合。

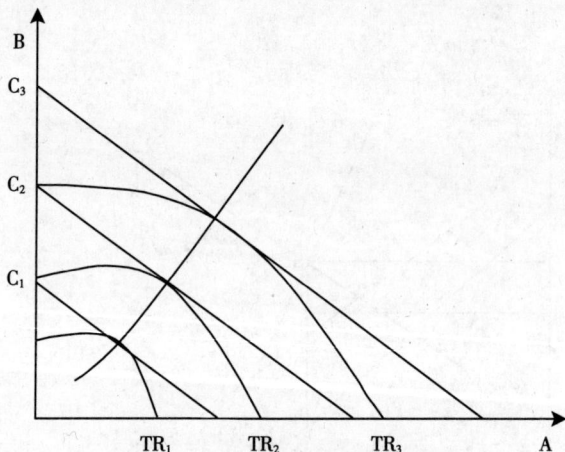

图7-6 变动比例生产产量决策

【案例7-9】

节日商品的低价策略

对多数美国家庭来说，烤火鸡是他们感恩节活动中不可或缺的一部分。虽然南瓜饼、土豆、肉汁和酸果酱也是传统食品，但决定就餐水平的则是火鸡的大小和味道。今天，火鸡被认为是富有营养且价格相对便宜的一种肉食，也成了人们餐桌上一道常见的菜肴。

按照经济理论认为，若某种产品的需求增加，则其价格就会相应提高。一般在每年11月初，火鸡生产者预期商店和饭馆会增加购买量，就会提高火鸡价格。

按道理，较高的批发价格也相应导致较高的零售价格，但事实并非如此。一般来说，顾客在感恩节和圣诞节购买火鸡实际支付的价格比一年中的其他时间都会低。原因是，商店经理为了吸引更多的顾客进店消费，故意压低火鸡价格。他们认为，因火鸡降价所造成的亏损，完全可以通过顾客购买其他的商品得到弥补。基本上，商店经理都意识到，火鸡与其他感恩节活动所需物品之间存在着需求上的联系，正是由于这种联系，他们才敢于给火鸡制定较低的价格。

本章小结

企业必须赚钱，不赚钱的企业是不存在的。那么，企业应采取什么手段赚钱呢？这就需要企业有明确的定价目标，根据定价目标采取相应的定价方法和策略。换言之，正确地对本企业的产品定位，对价格定位，才能达到最大化利润的目标。

第八章　长期投资决策

阿里巴巴：千亿物流梦

继投资百世物流和星辰急便物流两家物流企业之后，阿里巴巴集团又在物流领域再次作出大手笔的投资决策。2011年1月19日，阿里巴巴集团在北京高调宣布其物流战略：将投资千亿元资金于现代物流体系的建设，全力打造一个社会化的物流平台。

阿里巴巴集团对外宣布，将用未来三年左右的时间，联合其金融合作伙伴一起投资200亿~300亿元人民币，其中阿里巴巴出资100亿元，力图在全国范围内建立一个立体式的仓储网络体系。中期以后，阿里巴巴集团希望能有更多的合作伙伴加入到现代物流体系的建设中来，尽力筹集到超过1000亿元人民币用于开发建设。

阿里巴巴物流战略的核心包含信息系统和仓储平台两大方面。其中，依托2010年6月发布的"物流宝"平台，信息系统将在此基础上得到大力投入，而仓储平台的投资建设则是首次被阿里巴巴公开提及。阿里巴巴集团副总裁童文红也透露，未来阿里巴巴仓储中心位置的选择将主要针对东北、华北、华东、华南、华中、西南和西北等七大区域。阿里巴巴集团总参谋长曾鸣则表示，具体选址工作已经展开，仓库建设原则上肯定是建设大仓，不过，其具体的盈利模式并没向公众透露。

事实上，电子商务将逐步成为一个全新的行业趋势，需要转变的不仅限于物流，更重要的是商业模式的转变，包括供应链的结构和关系的转变，从而需要全新的物流体系来配合。此外，在未来电子商务的物流体系中，专业第三方物流与快运、快递企业在运营中的合作机会将会越来越多，行业的差别将缩小，新的跨快运、快递、专业第三方物流服务的企业将会出现，此类企业的发展将适应与推进新的电子商务服务体系的建立。

"10年以后，物流业一定会诞生新的领军者。他们善于学习、提升管理，他们有远见、为客户着想、为社会着想。"马云激情四溢的讲话在国贸中心的会议室里回荡，"10年以后，由于电子商务的发展，中国所诞生的'UPS'一定有几家，一定会超过美国的UPS，对此我深信不疑。"

资料来源：罗文丽. 阿里巴巴：千亿物流梦 [J]. 中国物流与采购，2011（4）.

【案例启示】 由此可见，企业的资金除了进行日常的生产经营之外，还可用于投资，以期获得更多的利润，那么应怎样合理地进行投资，才能获得最高的收益呢？这就需要凭借一些决策评价方法和风险分析方法，来衡量企业的投资决策，并选择能为企业带来最大的经济利益的投资方式。

本章您将了解到：
- 投资决策的一般过程和评价方法
- 风险决策方法

第一节　投资决策概述

企业的生存以及发展是靠投资来维护的。

——乔治·戴维

为了实现企业的利润最大化目标，一般来说，在短期内，企业需要考虑如何最优地使用现有资源，而在长期内，企业不仅要考虑如何最优地使用现有资源，而且还要考虑如何最优地使用新增资源，如购买新设备、扩大生产线或者收购兼并其他企业等，有关这类问题就是投资决策问题。

一、投资及投资决策

投资是一个多层次的经济概念，一般说来，投资意味着支出，而这种支出能够在之后一段较长的时期内（通常是 1 年以上）给投资者带来收益回报。投资可以分为直接投资和间接投资两类。其中，直接投资是直接投资于资产的实物形态，如购买厂房设备、扩大生产线或者收购兼并其他企业等；间接投资是投资于资产价值形态，如购买股票或者债券等。但对企业来说，更多的投资是在增加资产的实物形态方面。

投资和企业日常经营费用都意味着支出，但两者之间存在哪些差别呢？企业的日常经营费用只能在短期内取得收益，一般在 1 年以内。而投资带来的收益往往要延续好几年以上，有的甚至十几年以上。

投资决策是指在一个预定目标指导下对投资方案的行为作出抉择。任何投资都具有多种投资方案，因此，对于一个具体的投资决策，投资者最主要的工作就是，在若干个可供备选的方案中进行评判、比较，进而决定使用哪一种投资方案。

由于投资延续的时间很长，投资决策与经营决策相比存在两个重要的特点：

（一）在投资决策中，必须考虑资金的时间价值

由于资金具有时间价值，在投资决策时，不能对近期的现金收支和远期的现金收支进行简单的比较，而必须先转换为同一时点的资金，这样才具有可比性。

（二）在投资决策中，对未来收益的估计，要考虑风险性

投资一般都要经历相当长的一段时间才能收回全部投资，在瞬息万变的市场中原有的投资方案的预期支出、预期收入和预期经济寿命能否全部实现，存在一定的风险，因此，在投资决策时，对未来收益的估计，必须考虑风险性。

投资决策不仅对企业当前的利润造成影响，还会对企业的长期受益带来影响，关系着企业未来的发展方向。因此，企业必须根据长远的生产经营规划要求，对相关的投资方案进行科学的分析，选择最佳的投资方案，以确保企业长期经济效益的实现。

二、投资决策的一般过程

投资决策实质上就是一个从确定投资目标和投资方案，到收集资料和估计数据对投资方案进行评价和选取，直至实施和监控的过程。概括说来，投资决策过程一般包括以下四个阶段。

（一）确定投资目标和投资方案

投资方案来自于投资目标，或者说是根据投资的需要而提出来的。如一家企业扩展市场占有率，而现有的生产规模无法满足要求，它就需要扩大生产能力，而扩大生产能力就需要进行新的投资。为此，该企业会提出三种投资方案：①对现有的设备进行技术更新改造；②新建厂房，增加新设备；③兼并其他同类生产企业。以上所述这些方案都可以扩大生产能力，是企业各种可供选择的投资方案之一。然而需要指出的是，提出各种可供选择的投资方案这一阶段十分重要，只有充分提出好的投资方案才能做出好的投资决策；如果好的投资方案一开始就没有提出来，也就不可能做出好的投资决策。

（二）收集资料、估计数据

在上一阶段，已经提出了可供选择的投资方案，但是如何从这些可供选择的投资方案中选出好的投资方案呢？这时就需要对这些投资方案进行评估。然而，在对这些投资方案评估之前，需要收集相关资料和估计有关数据。只有以准确可信的数据为依据，才能确保作出的投资决策的正确性。虽然做出投资决策需要收集的资料和数据有很多，但是与投资决策直接有关的数据主要分为两大类：一类是由实施投资方案而生成的货币收入与支出，称为现金流量；另一类是企业为了获得资金而须向投资者支付的成本，称为资金成本。

（三）对投资方案进行评价，从中选择最优方案

得到有关投资方案的资料和数据后，就可以这些资料和数据为基础，对备选方案进行分析和评估，从中选出最可能达成企业目标的投资方案。由于实施投资方案所花费的成本和获得的收益不是在同一时点上发生，因此，评价投资方案对企业价值的影响，必须在计算资金的时间价值的基础上进行。属于这一类的评价方法主要有净现值法、现值指数法和内含报酬率法三种。此外，会计回收率法和回收期法等虽然不用考虑资金的时间价值，但它使用起来比较方便，也是人们常用的。在利用这些方法对投资方案进行评价时，一般情况下是几个评价方法共用。通过分析各个投资方案的评价结果，就可以从可供选择的投资方案中，选择最有利于企业长远发展的投资方案。

（四）对投资方案进行实施和监控

最佳的投资方案选出之后，就要付诸实施，但是在实施过程中，要对实施情况进行监控。所谓监控就是把投资方案的实际完成情况与预期的数据进行比较，确定是否存在偏差，检查投资决策是否科学。如果发现实际完成情况与其他数据存在偏差，就需要分析和解释出现这些偏差的原因，并针对产生偏差的原因，对实施的投资方案采取必要的改进措施，以保证投资目标的实现。

第二节　投资决策的评价方法

要成为成功的投资者是很不容易的，这意味着要经常深思熟虑投资中的问题，经常自觉地对各种方案进行全面的分析。

——佚名

投资决策的评价方法是整个投资决策过程中最重要的部分，因为，在制定出

各种可供选择的投资方案后，如果不能进行评价，就不可能选择出最优的方案。根据投资方案评价方法中是否考虑货币时间价值因素，投资决策方案的评价方法分为非贴现的分析评价方法和贴现的分析评价方法两种。

一、非贴现的分析评价方法

非贴现的分析评价方法不将时间价值纳入考虑范围，而是把发生在不同时间的货币收支看成等效的，亦被称为非贴现现金流量分析技术。

最常见的非贴现的评价方法有：会计收益率法和回收期法。

（一）会计收益率法

会计收益率是指年平均净收益与原始投资额的比率。一般来说，会计收益率越高越好。

$$会计收益率 = \frac{年平均净收益}{原始投资额} \tag{8-1}$$

【案例 8-1】

会计收益率法的计算

某企业目前有三个投资方案，假设预期收益率为 10%，有关数据如表 8-1 所示。

表 8-1　某企业的三个投资方案

单位：元

年份	甲方案		乙方案		丙方案	
	净收益	现金净流量	净收益	现金净流量	净收益	现金净流量
2000		(40000)		(18000)		(18000)
2001	3600	23600	(3600)	2400	900	6900
2002	6480	26480	6000	12000	900	6900
2003			6000	12000	900	6900
合计	10080	10080	8400	8400	2700	2700

解：由题意得：

$$会计收益率（甲）= \frac{(3600 + 6480)/2}{40000} \times 100\% = 12.6\%$$

$$会计收益率（乙）= \frac{(-3600 + 6000 + 6000)/3}{18000} \times 100\% = 15.6\%$$

$$会计收益率（丙）= \frac{900}{18000} \times 100\% = 5\%$$

如果公司确定的必要报酬率为10%，由于会计收益率高于必要报酬率，则甲、乙方案都是可行的。如果甲、乙方案是两个互斥方案，则应选择会计收益率较高的项目，即选择乙方案。

（二）回收期法

回收期是指投资引起的现金流入累计到与投资额相等所需要的时间，表示收回投资所需要的年限。回收年限越短，方案越有利。[①]

在原始投资一次性支出，每年现金净流量相等时，回收期的计算公式为：

$$回收期 = \frac{原始投资额}{每年现金净流量} \qquad (8\text{-}2)$$

如果每年现金净流量不相等或原始投资额是几年投入的，则可使下式成立的n为回收期：

$$\sum_{t=1}^{n} I_t = \sum_{t=1}^{n} O_t \qquad (8\text{-}3)$$

其中，n为投资涉及的年限；I_t为第t年的现金流入量；O_t为第t年的现金流出量。

---

① 李岚.财务管理实务 [M].北京：清华大学出版社，2005.

【案例 8-2】

回收期的计算

利用【案例 8-1】的相关资料，可以计算：

$$丙方案的回收期 = \frac{18000}{6900} = 2.61 （年）$$

非贴现的分析评价方法通常计算比较简便，且容易理解，但是它忽略了资金的时间价值，因此，通常作为辅助方法使用。

二、贴现的分析评价方法

贴现的分析评价方法是指考虑货币时间价值的分析评价方法，亦被称为贴现现金流量分析技术。

贴现的分析评价方法主要有净现值法、现值指数法和内含报酬率法。

（一）净现值法

净现值是指特定方案下的未来现金流入现值与未来现金流出现值之差。按照这种方法，所有未来现金收入与支出都要按预定贴现率折合成它们的现值，然后再计算它们的差额。

计算净现值 NPV 的公式为：

$$NPV = \sum_{t=1}^{n} \frac{I_t}{(1+K)^t} - \sum_{t=1}^{n} \frac{O_t}{(1+K)^t} \tag{8-4}$$

其中，n 为投资涉及的年限；I_t 为第 t 年的现金流入量；O_t 为第 t 年的现金流出量；K 为预定的贴现率。

若净现值为正数，说明现金流入现值大于现金流出现值，该投资方案的报酬率大于预定的贴现率，投资方案是可行的。

若净现值为负数，说明现金流入现值小于现金流出现值，该投资方案的报酬率小于预定的贴现率，投资方案是不可行的。

【案例 8-3】

净现值法的计算

根据【案例 8-1】的资料，预定的贴现率为 10%，则该企业三个方案的净现值是：

净现值（甲）= $(23600 \times 0.9091 + 26480 \times 0.8264) - 40000 = 3337.832$（元）

净现值（乙）= $(2400 \times 0.9091 + 12000 \times 0.8264 + 12000 \times 0.7513) - 18000$
$= 3114.24$（元）

净现值（丙）= $6900 \times 2.4868 - 18000 = -841.08$（元）

甲、乙两个投资方案的净现值为正数，说明这两个投资方案的实际报酬率超过投资者期望的报酬率，这两个方案是有利的，都是可以接受的。而甲方案的净现值大于乙方案的净现值，因此，甲方案更好。丙方案净现值为负数，说明该方案的报酬率达不到投资者期望的报酬率，应放弃。

在现实生活中，可能会出现两种方案的净现值相等的情况：①投资现值不同，收益现值也不同，但净收益现值相同，此时，应当选择投资额小的方案；②投资现值相同，但资金的回收期限不同，此时一般选择期限比较短的方案。因为期限越长，存在的风险越大。

（二）现值指数法

现值指数（PI）是指投资方案实施后的现金流入现值与现金流出现值的比率，亦称现值比率、获利指数、贴现后收益—成本比率等。其计算公式为：

$$PI = \frac{\sum_{t=1}^{n} \dfrac{I_t}{(1+K)^t}}{\sum_{t=1}^{n} \dfrac{O_t}{(1+K)^t}} \tag{8-5}$$

其中，n 为投资涉及的年限；I_t 为第 t 年的现金流入量；O_t 为第 t 年的现金流出量；K 为预定的贴现率。

若现值指数大于 1，说明现金流入现值大于现金流出现值，该投资方案的报酬率大于预定的贴现率，投资方案是可行的。

若现值指数小于 1，说明现金流入现值小于现金流出现值，该投资方案的报酬率小于预定的贴现率，投资方案是不可行的。

若现值指数为 1，说明投资的报酬率与投资者期望的报酬率相同。

【案例 8-4】
现值指数法的计算

根据【案例 8-1】的资料，该企业三个投资方案的现值指数计算如下：

现值指数（甲）= $(23600 × 0.9091 + 26480 × 0.8264) ÷ 40000$

$\approx 43337.83 ÷ 40000 \approx 1.08$

现值指数（乙）$\approx 21114.24 ÷ 18000 \approx 1.17$

现值指数（丙）$\approx 17158.92 ÷ 18000 \approx 0.95$

甲、乙两个投资方案的现值指数大于 1，说明其收益超过成本。丙投资方案的现值指数小于 1，说明其报酬率没有达到投资者期望的报酬率。

（三）内含报酬率法

内含报酬率法是根据方案本身内含报酬率来评价方案优劣的一种方法。所谓内含报酬率（IRR）是指能够使未来现金流入量现值等于未来现金流出量的贴现率，或者说是使方案净现值为零的贴现率，又称内部收益率。[①]

若内含报酬率比企业预定的最低报酬率（净现值中所使用的贴现率或资本成本）要大，就接受该投资方案，若内含报酬率比企业预定的最低报酬率要小，就否决该投资方案。事实上，当内含报酬率大于贴现率时，接受的投资方案也是一个净现值为正的投资方案。

---

① 郑健壮，王培才. 经济学基础 [M]. 北京：清华大学出版社，2004.

净现值法和现值指数法虽然考虑了货币时间价值，可说明该方案是否优于预定的标准，但没有展示该方案实际可以达到的报酬率是多少。而内含报酬率法是依据方案的现金流量计算得出的，体现了方案本身可以带来的实际投资报酬率。

内含报酬率法的计算，通常需要使用"逐步测试法"，计算比较复杂。不过在 Excel 中提供了计算内含报酬率法的函数，简化了计算。

【案例 8-5】

内含报酬率法的计算

根据【案例 8-1】的资料，已知甲方案的净现值为正数，说明它的内含报酬率大于 10%，所以，应提高折现率来做进一步的测试。

（1）测试。假设以 18% 为折现率进行测试，其现值为 -981 元。净现值出现负数，说明折现率已经高于内含报酬率，下一步将折现率降低至 16% 重新测试，结果净现值为 25.496 元，已经接近于零。再将折现率升高到 17% 进行测试，净现值为 -485.44 元。这说明内含报酬率在 16%~17%。

（2）接着用内插法进行估算，设内含报酬率为 X，则：

$$\frac{X - 16\%}{17\% - X} = \frac{0 - 25.496}{-485.44 - 0}$$

求解得：X = 16.05%

即内含报酬率（甲）= 16.05%

（3）同理，内含报酬率（乙）= 17.87%

内含报酬率（丙）= 7.33%

在多数情况下，内含报酬率法和净现值法的评价结果相一致，但当内含报酬率法与净现值法所得的方案不一致时，一般采用净现值法进行决策。

第三节　投资决策的风险分析

如果你没有做好承受风险的准备，那就离开吧，别指望会成为常胜将军，要想成功，必须冷酷！

——索罗斯

一、风险的衡量

风险是指一个决定存在不止一个可能结果，并且每种特定结果的概率已知或能估计。

我们通常运用概率来衡量风险的大小，概率是指随机事件发生的可能性。投资活动可能产生的种种收益可以看做一个个随机事件，其发生的可能性，可以用相应的概率描述。

投资收益的期望值是指所有可能获得收益的加权平均，它反映了同一事件频繁发生或多次重复发生所产生的结果的统计平均。离散型概率分布的期望值按下面所示的公式计算。

$$E(X) = \sum_{i=1}^{n} X_i [P(X_i)] \tag{8-6}$$

其中，$E(X)$ 为期望值；X_i 为第 i 种可能出现的事件；$P(X_i)$ 为第 i 种可能出现的事件的概率；n 为可能出现的事件的个数。

方差和标准差是用来描述各种可能的结果相对于期望值的离散程度。方差通常用 $Var(X)$、σ_X^2 表示，标准差通常用 $\sqrt{Var(X)}$、σ_X 表示，标准差是方差的平方根。方差和标准差的大小取决于两个因素：第一，各种可能的结果与期望值的绝对偏离程度，偏离程度越大，对方差和标准差产生的影响越大；第二，每一可能的结果发生可能性越大，对方差和标准差造成的影响越大。

一般用方差和标准差来反映各种可能的结果相对其期望值的离散程度，若方差或标准差越大，即不确定性越大，风险水平越高。由于方差和标准差具有这种独特性质，它们常被用作衡量投资风险的依据。

【案例 8-6】

可口可乐的营销策略

1985 年 4 月 23 日，可口可乐公司宣布，它正在改变其具有 99 年历史的饮料处方。可乐是世界上最主要的软饮料，而在 20 世纪 80 年代，可口可乐的市场领导者地位受到了挑战，面临的风险不同寻常，主要是来源于百事可乐市场份额的增长。可口可乐公司意识到，要迎接百事可乐发起的挑战，改变处方是必经之道。可口可乐投资了 400 万美元用于开发它的新型可乐，并在 3 年多的时间里，对 19 万多个消费者进行了口味测试，有 55% 的参与者更喜欢新可乐。于是可口可乐又花费了 1000 多万美元对新产品进行大规模的广告宣传。

当新可乐最终在 1985 年 5 月上市时，消费者却对新可乐普遍反感，投诉电话更是应接不暇，这是可口可乐公司始料未及的。最终可口可乐公司只得恢复传统配方的生产。颇为讽刺的是，传统和新型可乐同时出售，可口可乐重新夺回了它丢给百事的某些市场份额。

在可口可乐的测试中，这种情况并未发生，因为参与测试的消费者并未被告知公司打算用新可乐代替老可乐，或是两者同时出售。这个案例就是告知人们，即使一个经过慎重考虑的战略也是有风险的，可能会导致一个小概率事件的发生。

资料来源：http://abc.wm23.com/hui27fly/98797.html.

二、风险决策方法

风险决策是指在已知每个备选方案可能遇到的各种不同情况的概率条件下做出的决策。根据不同概率所制定的不同决策方案中，不论最终选择哪种方案，都要承担一定的风险。

风险决策问题通常有两种决策方法：一是决策矩阵法；二是决策树法。

（一）决策矩阵法

风险决策问题可以用决策矩阵表（或收益矩阵表）来描述，一般形式如表8-2所示。

表 8-2 决策矩阵的一般形式

状态 概率		$S_1, S_2, \cdots, S_n$ $P(S_1), P(S_2), \cdots, P(S_n)$	损益期望值 E(A)
方案	A_1 A_2 A_m	$a_{11}, a_{12}, \cdots, a_{1n}$ $a_{21}, a_{22}, \cdots, a_{2n}$ $\vdots$ $a_{m1}, a_{m2}, \cdots, a_{mn}$	$E(A_1)$ $E(A_2)$ $\vdots$ $E(A_m)$
决策		$A_r = \max[E(A)]$	

在表8-2中A_1，A_2，$\cdots$，A_m分别表示决策者可能采取的m个投资方案，它们彼此相互独立又能相互替代，所有投资方案构成的集合 $A = \{A_1, A_2, \cdots, A_m\}$称为投资决策空间。$S_1$，$S_2$，$\cdots$，$S_n$分别表示各个行动方案可能遇到的客观情况即自然状态。由所有可能出现的自然状态组成的集合 $S = \{S_1, S_2, \cdots, S_n\}$，称为状态空间。对风险投资决策问题，假定它们是随机变量，其发生的概率分别用$P(S_1)$，$P(S_2)$，$\cdots$，$P(S_n)$表示。由于这类事件发生的可能性既相互排斥又相互独立，故这些事件发生的概率之和等于1。表8-2中的主要部分是在不同自然状态下决策者采取投资方案的结果。决策矩阵表可以将各种备选方案在不同自然状态下的结果以及产生有关结果的概率清晰明了地列举出来，便于决策者做出满意的选择。

【案例 8-7】

决策矩阵法的应用

假设某企业准备推出一种新的产品，这时需要对其生产能力进行决策。拟采取的投资方案有三种：方案 A 投资 300 万元，年生产能力为 25 万台；方案 B 投资 200 万元，年生产能力为 20 万台；方案 C 投资 100 万元，年生产能力为 15 万台。已知在不考虑投资成本时，每售出一台该产品可盈利 100 元。并预测该产品可能的年销售量分别为 10 万台、20 万台和 30 万台，且这三种状态发生的概率为 0.2，0.5，0.3。试编制该风险投资的决策矩阵表，预测该企业应当做出哪种投资方案？

解：（1）计算投资方案 A 在不同的销售预测下的收益。

当销售量为 10 万台时：

投资方案 A 的收益 $= 10 \times 100 - 300 = 700$（万元）

当销售量为 20 万台时：

投资方案 A 的收益 $= 20 \times 100 - 300 = 1700$（万元）

当销售量为 30 万台时：

投资方案 A 的收益 $= 25 \times 100 - 300 = 2200$（万元）

投资方案 A 的损益期望值 $= 700 \times 0.2 + 1700 \times 0.5 + 2200 \times 0.3 = 1650$（万元）

同理，可计算出投资方案 B 和 C 的收益及损益期望值。

（2）根据计算，可编制决策矩阵表（见表 8-3）。

表 8-3　该企业的投资决策矩阵表

单位：万元

状态		销售量小	销售量中	销售量大	损益期望值
概率		0.2	0.5	0.3	
方案	方案 A	700	1700	2200	1650
	方案 B	800	1800	1800	1600
	方案 C	900	1400	1400	1300
决策		投资方案 A			

从表 8-3 可以看出，投资方案 A 的损益期望值最大，该企业应当选择投资方案 A。

（二）决策树法

决策树是对决策方案的一种图解，它把各种备选方案、可能出现的概率及各种损益值简单清晰地呈现在一张图表上，更能将决策问题明晰化、形象化。相比决策矩阵表法，决策树法显然要略胜一筹。如决策矩阵表只能表示单一决策问题，且要求所有行动方案所面对的自然状态完全一致。而决策树法不但能克服决策矩阵法的缺陷，还能将决策过程更加清晰明了地展示出来。

决策树由决策节点、方案分枝、状态节点、概率分枝四个要素组成。决策树的结构如图 8-1 所示。图 8-1 中的方块代表决策节点，从它引出的分枝叫方案分枝，每条分枝代表一个方案，分枝数就是备选的方案数目。圆圈代表方案的节点，它引出的分枝为概率分枝，每条概率分枝上标明了自然状态及其发生的可能性。概率分枝数反映了某种方案可能遇到的状态数。概率分枝末端的三角形叫结果节点，注有各方案在相应状态下的结果值。

决策树图的制作步骤：①绘出决策节点和方案分枝，在方案分枝上标出相应的可供选择的方案；②绘出机会点和概率分枝，在概率分枝上标出对应的自然状态出现的概率值；③在概率分枝的末端标出对应的损益值，得到的即为完整的决策树图。

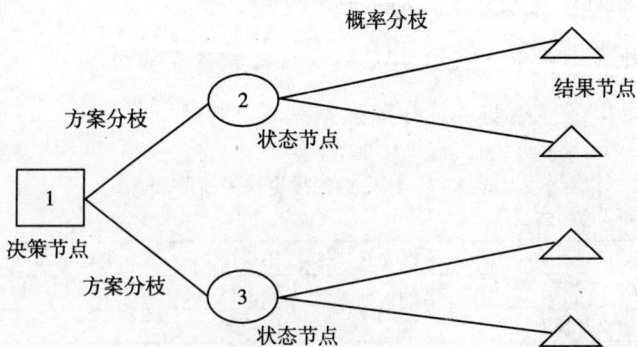

图 8-1　决策树示意

用决策树法做分析，是从右向左逐步后退进行的。右端损益值和概率分枝的概率乘积即为某方案的期望值，然后根据不同方案期望值的大小做出最终的选择。方案的舍弃叫做修枝，被舍弃的方案用"≠"的记号来表示，剩下的决策点留下一条树枝，即为最优方案。

决策树是用二叉树形图来表示处理逻辑的一种方法，能将加工的逻辑要求清晰明了地呈现出来，适用于判断因素比较少、逻辑组合关系不复杂的情况。

【案例 8-8】

决策树法的应用

某研究所在考虑是否向某工厂提出开发新产品的建议，提出此建议前需花费 4 万元进行初步研究。根据该所的经验和对该工厂、产品以及竞争者的估计（可能有另外的机构向该厂提出开发建议），建议提出后，估计有 60% 可能得到合同，40% 得不到。得到合同，若采用旧方法要花费 30 万元，成功的概率为 80%；若实施新方法只需花费 18 万元，但成功的概率仅为 50%。如果该所得到合同并研制成功，厂方将付给研究所 70 万元技术转让费；若研制失败，该所需付赔偿费 15 万元。现在需要作出决策，该所是否应该提出研制建议？

解：（1）先画出决策树（见图 8-2）。

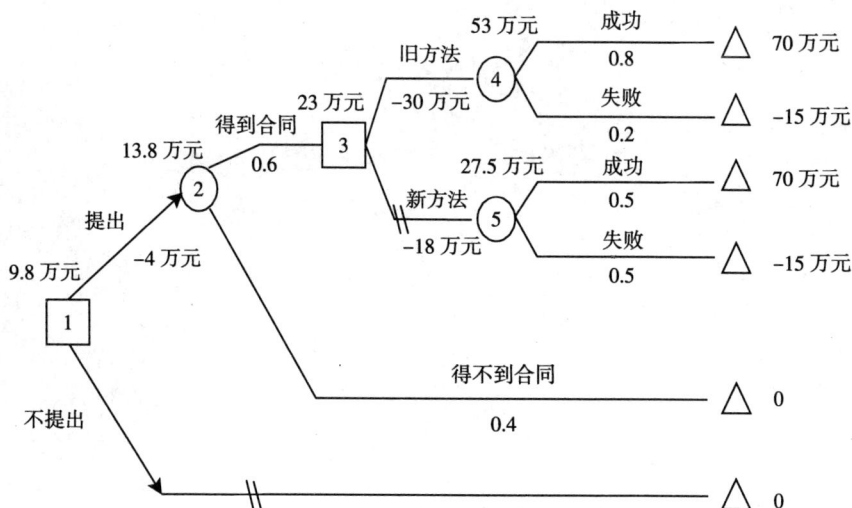

图 8-2 决策树

（2）采用期望值法算出状态节点 4 和 5 的期望值。

状态节点 4：$E_4 = 70 \times 0.8 - 15 \times 0.2 = 53$（万元）

状态节点 5：E5 = 70×0.5 − 15×0.5 = 27.5（万元）

（3）旧方法期望的收益为 53 − 30 = 23（万元），新方法期望的收益 27.5 − 18 = 9.5（万元）。因此，剪掉新方法这一枝，而选择旧方法。

（4）状态节点 2 的期望值 E2 = 0.6×23 + 0.4×0 = 13.8（万元）。

（5）提出建议的期望收益为 13.8 − 4 = 9.8（万元），不提出建议的期望收益为 0。因此，剪掉不提出建议的一枝，而选择提出建议。

本章小结

企业的生存与投资息息相关，投资是为了获得回报，怎样才能实现投资收益的最大化？也就是说企业怎样才能将新增加的资源用在最有价值的地方？任何一项投资活动都存在风险，"不要把鸡蛋放在同一个篮子里"，分散风险，才能避免不必要的损失。

第九章 市场失灵与政府政策分析

市场·政府·企业

2001 年 10 月 29 日,《经济日报》以《义利兼要说龙鼎》为题, 介绍了龙鼎集团如何从三个人的校办工厂经过 16 年奋斗, 成为 4200 多人的企业集团, 并实现各项综合指标在全国同行业名列前茅的。

龙鼎集团的前身是吉林市第 37 中学的校办工厂, 1985 年时只有 3 名职工、几间破旧教室和一辆手推车。在实业兴教、教育兴国的高远目标指引下, 经过 16 年的奋斗, 企业资产由 1.2 万元积累到 8.6 亿元; 年销售收入由 5 万元增长到 3.3 亿元; 年利税由不到 1 万元增长到近 7000 万元。记者探究它近乎奇迹的发展历程时, 企业集团董事长概括得言简意赅: 企业要发展, 关键是重要决策的准确, 而这在很大程度上取决于决策者的价值取向。企业的效益来自社会, 一分耕耘一分收获, 只有贡献社会才能树立良好的信誉。企业要发展, 先进生产力是保证, 企业文化是精神支持, 战略目标则是指南针。以上三者就像三脚架的三条腿, 缺一个都不能立足。

探寻龙鼎集团发展的经验, 其核心点就在于"把最广大人民的根本利益作为企业最终的目标, 企业分解的各个子目标都要服务于整体目标"。义利兼顾, 把企业的社会义务和企业职工的利益有机结合起来, 不仅是国有企业的责任, 也是社会主义市场经济的优越性所在。

资料来源：李宝山等. 管理经济学 [M]. 北京：中国人民大学出版社，2008.

【案例启示】市场经济活动并不总是尽善尽美，时常会有问题出现，而政府就是支持市场活动的中坚力量，在市场最需要的时候给予最有力的帮助。现代经济格局，正在向"企业·政府·市场"三位一体的格局转变，所以，可以充分发挥政府在市场低效率时的干预作用。

本章您将了解到：
- 市场失灵的原因
- 政府解决市场失灵的措施

第一节　市场失灵

市场经济条件下，"看不见的手"在资源配置中发挥基础作用，但这只手不是万能的，它仍有许多缺陷。

——佚名

一、市场失灵

市场依靠自身不能达到有效配置资源的状况，导致资源配置失误或生产要素的使用大量浪费，那么市场失灵就会产生。市场的确是配置资源的好方法，但市场机制却不能包治百病，不可能调节人们经济生活的所有领域。

二、市场失灵的原因

市场失灵就是市场这只"看不见的手"无法使个人的行为带来社会需要的结果。那么，究竟是什么原因导致市场失灵的呢？

（一）外部性的存在

你可能有过这样不愉快的经历：当你疲惫不堪，想在家美美地睡一大觉时，却被隔壁邻居立体环绕音响的震耳欲聋的音乐弄得烦躁不堪。我们从经济学的角度来分析一下这种生活中常见的事情。当你的邻居决定大声播放音乐时，考虑的只是他的私人成本（所耗费的时间）及私人收益（听音乐获得的享乐），并未考虑到他对其他人造成的伤害。实际上，可能你不能很好休息带来的损失大于他关小音量的成本。除非他调低音量，否则这种状态永远是无效率的。

外部性就是对未直接参与行为的第三方造成影响的效应，实质上是一种物品或个人行为的副产品。外部性的存在会导致市场失灵，正是因为没有考虑到第三方的存在，资源配置并未达到最佳状态，经济就会丧失效率。具体说来，有正和负两种外部性，都会导致经济丧失效率。

正的外部性是指某种行为导致社会收益大于私人收益，也就是说，除了行为的直接参与者之外，还有第三方从中获得收益，由此带来的问题就是生产不足。自由市场的决策只考虑私人收益，并未考虑作为第三方的社会收益，因而，能带来正外部性的行为的价值被市场所低估，造成用于该生产的资源投入不足（见图9-1）。[①]

自由市场产出的价格为 P_1，产量为 Q_1，问题是完全没有考虑社会收益的存在。而社会理想的产量是 Q_2，价格是 P_2，在没有考虑全部社会收益时，用于生产该产品的资源投入太少，造成 Q_1Q_2 的产出不足。

负的外部性是指某种行为导致社会成本大于私人成本，即除了给行为的

---

① 斯蒂芬·芒迪. 市场与市场失灵［M］. 北京：机械工业出版社，2009.

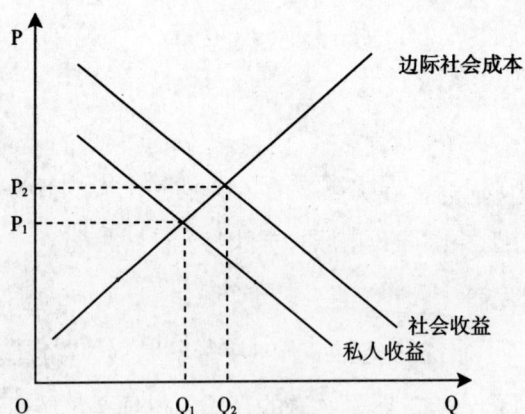

图 9-1 正外部性带来的生产不足

直接参与者带来成本外，还给第三方造成损失。这就导致了生产过剩的问题。
行为者在作出决策时只考虑自身的私人成本，而外部成本不在他们所考虑的
范畴内，结果导致过多的稀缺资源用于造成负外部性的物品或劳务中（见图
9-2）。

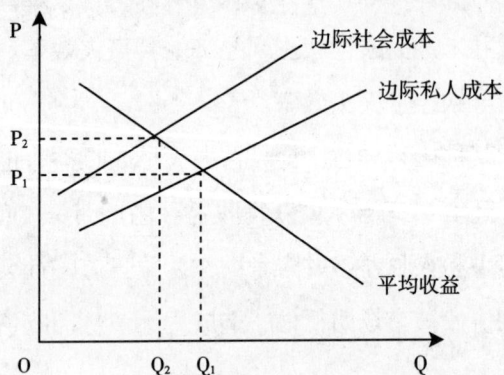

图 9-2 负外部性引起的生产过剩

这时，自由市场的产出是 Q_1，价格是 P_1，但这并不意味着达到了最佳的产量水
平。由于存在负外部性，边际社会成本大于边际私人成本，因此边际社会成本与平
均收益的交点所决定的产量要小于边际私人成本与平均收益的交点所决定的产量。
可见，负外部性导致了产品生产过剩，数量为 Q_2Q_1，资源没有得到合理使用。

【拓展阅读】

外部性

教育被看成是正外部性的经典例子。是否接受教育的决策，是个人经过比较通过教育能带来的私人收益与私人成本孰大孰小的结果。但从整个社会的角度而言，接受教育的公民数越多，整个社会在各方面得到的好处就更多：如社会生产率和政治参与率的提高。

公路交通堵塞可以看成是公路出行的负外部性。是否决定开车出行是个人权衡成本收益后所作出的决策，成本包括汽油成本和时间成本，收益则是到达目的地所得到的满足感。但这一决策并没有考虑可能给其他的公路使用者带来的影响，如交通堵塞更加严重。显然，堵塞加重造成耗用时间的增加是一种社会成本而不是私人成本，从而导致市场失灵。

（二）公共物品的存在

公共物品是由于其具有某些特殊性质不由市场提供，一般由政府免费供应一定数量的物品。而这种特殊性质就是非竞争性和非排他性。非竞争性是指增加一个人享用该产品得到的收益并不会减少其他人享用该产品得到的收益。非排他性则是指不论是否付费都不排除其他人享用该产品。满足这两个特征的公共物品的例子很多，如国防系统，一旦国家决定保护一位公民免受恐怖袭击的伤害，那么其他公民也同样平等的受到此种保护。这位公民由受保护获得的收益不会因为增加对其他人的保护而减少。还有道路两旁的路灯，对所有的路人都起到了照明指引作用，而路人却不必支付任何费用。

由此可以看出，公共物品和私人物品是相对的概念。私人物品，就像一块蛋糕，是排他的。当你吃了它，别人就无法享用这块蛋糕，你却得到了满足感。同时又具有竞争性，如果别人吃了一口，就减少了你的享用。

当得知其他人可以不用支付任何费用就可以从公共物品中获得收益时，任何一个理性人都不会为使用公共物品而付费。每个人都等待其他人提供公共物品然后可以免费享用，也就是说，人们都想 "搭便车"。然而，在自由市场中，没有哪家私人公司愿意提供公共物品，它们没有动力来提供这类物品。于是问题就产生了，本应该投入公共物品生产的稀缺资源却没有投入，显然市场失灵了。

【拓展阅读】

"公" 的悲哀

亚里士多德说："许多人共有的东西总是被关心的最少，因为所有人对自己东西的关心都大于共有的东西。"

在现实中，因为公共物品的存在，出现了众多的问题：①水是"公共水"。广大农村地区水资源是免费使用的，这就造成地下水被超量开采，水资源浪费严重的局面产生。②草原是"公共牧场"。北方的沙尘暴情况在连年恶化，根源就在于草地被过度放牧，造成土地荒漠化。③大气、海洋是"公共财产"。大气和海洋对全人类而言是典型的"公共财产"，但各国为了满足本国公民的物质欲望任意排放废弃物，造成海洋污染和大气污染极其严重。④股市是"公共市场"。恶意包装、信息披露不规范、内幕交易、做假账等行为比比皆是，股市成为只考虑公司和个人利益而不考虑社会成本的"公共市场"。⑤国有企业是"公共财产"。大家都没有保护和珍惜公共财产之心，而是绞尽脑汁地消耗它。

资料来源：郭万超，辛向阳. 轻松学经济 [M]. 北京：对外经济贸易大学出版社，2005.

（三）不完全信息的存在

完全竞争模型假定，信息是完备的，消费者了解企业的一切。若某个消费者自愿购买某产品，可以认为他想通过此产品满足自身需求。但如果他没有完备的信息呢？假设某个销售员想方设法说服你购买一颗昂贵的钻石，最终你买了，可回家后却发现只不过是块玻璃。

在现实生活中，市场交易往往会存在欺诈和信息不完全的现象。而一旦买方和卖方的信息不平等，产品市场就可能运转失灵。假如在某个旧车市场有100辆车待售，车的质量参差不齐，而潜在买主愿意出的最高价格是10万元。这样，卖方只会出售价值低于10万元的车，质量好的车就会退出流通市场，慢慢地，只有低质量的旧车在市场上流通，这种现象称为"柠檬市场"。由于信息不完全，需要高质量旧车的买主和出售高质量旧车的卖主的效用都受到了损害，从而降低了市场效率。

这种市场失灵称为逆向选择问题，而在保险市场上最容易发生逆向选择问题。保险公司很难充分掌握潜在客户的信息，双方掌握的信息是不对称的。客户最了解自己未来一段时间索赔的风险大小，但不会轻易向保险公司透露任何信息。如购买医疗保险。健康的人不太愿意在这方面投保，健康状况差的人则会积极投保。保险公司为了降低损失就会提高保费，那么，更多健康的客户就会退出保险市场，而保险市场上投保人的平均健康状况比先前也会更差。保险公司又会进一步地提高保费，如此循环下去，直到最后购买医疗保险的人都是健康状况非常差的。当保险公司发现它们无法盈利时，只有将价格降到合理的价位健康状况好的人才会愿意投保。于是保险市场就出现了局部或完全失灵。

【案例9-1】

玉器市场与逆向选择

如同保险市场，玉器市场也同样存在逆向选择问题。我们来看看玉器市场的两个特征。

玉器的第一个特征是品质和价格差别迥异。古语有云：黄金有价玉无价。那些质量上乘的玉器，价值连城。就在今天，一只雕琢精美的缅玉手镯成交价格动辄成千上万元。另外，质量低劣的廉价玉器随处可见，一般只用来做日用小装饰品。

玉器的第二个特征是鉴定玉器质量时需要专业知识和工具。普通和高档玉器，一般人难以辨别出来，只有经过专业训练和经验丰富的人才能精确地鉴别出玉器的品质和价位。

正是因为这两个外生原因，导致玉器市场天生存在信息不对称问题：普通消费者不能鉴别柜台里的玉器质量，对商家的报价也是半信半疑。市场上很多旅游纪念品店的店主也利用买主与卖主之间存在信息不对称的缺陷，以次充好，用经过重新包装后的廉价新玉冒充传家古玉等，更是加重了玉器市场的信息不对称问题。于是，玉器市场上出现了普遍而严重的逆向选择：商店里廉价的，尤其是不超过 10 元的玉器可以正常销售。

这在低档玉器市场正常交易不足为奇，但在高档玉器市场里进行交易就出问题了。一块标价几百元的玉器，在不懂行的消费者看来，与地摊上摆的 10 元玉器几乎差别不大，不免猜疑商家利用自己不懂行情以次充好。因此，由于消费者掌握的信息匮乏，对玉器的档次评价不确定，有意购买的消费者也不得不拒绝诚实的推销员，最终导致高档玉器成交率低。于是，那些愿意购买玉器的消费者也不得不被迫"逆向"地选择了质次价廉的大路货。

资料来源：http://wenku.baidu.com/view/fba9f5bafd0a79563c1e726e.html.

道德风险的加入使得保险市场的问题进一步的恶化，投保可能会对人们的行为产生影响。车主在购买车险前，可能会警惕车被盗或刮花等。一旦投保之后，人的行为可能就不会那么小心谨慎了。如将车停在不安全的区域或忘记锁车门等，一旦汽车被盗，车主就会向保险公司索赔。这最终将导致保险业务无法盈利，因而出现市场失灵。

【拓展阅读】

SARS 流行中的市场失灵

在 2003 年我国 SARS 流行之际，我们看到了医疗用品市场的失灵。首先是与治疗 SARS 有关的药品、用品的价格迅速上涨，如板蓝根、医用口罩和体温计等。其次是到 2004 年 4 月，蔬菜、粮食等生活必需品的价格出现上涨。

涨价是有多方面原因的：

（1）人们对与治疗 SARS 有关的商品的急剧需求导致市场上出现供不应求的状况，而厂商由于设备产出限制等原因无法迅速扩大生产，使得商家高价收购货源。另外人们由于心理恐慌开始储备一些相关商品，造成市场上商品短缺，价格上涨。

（2）由于供不应求，市场从买方市场变为卖方市场，从而厂商形成市场势力，具备设定高价格的条件。于是多数厂商形成联盟，哄抬价格。

（3）信息不完全。在 SARS 流行之际，各种谣言在民众间疯传。比如全城戒严、没地儿进货等，使得信息的扭曲、失真达到空前高度，进一步加深了民众心理的恐慌，导致人们疯抢食物。另外，由于人们对商品的极度需求，很多商家以次充好，假冒伪劣商品在市场上泛滥，这也是信息不完全造成的。普通消费者无法辨别真伪，只能听信商家所言。

资料来源：池仁勇.管理经济学［M］.北京：科学出版社，2005.

第二节　政府政策

我的目的并不是和政府一起远离你们，而是让政府运转。和我们一起工作，不是凌驾于我们之上；站在我们这边，不是骑在我们的背上。政府能够而且必须提供机会，不是扼杀机会；鼓励生产，而不是抑制生产。

——罗纳德·里根

当市场失灵时，我们怎样才能达到有效率的市场状态呢？只有通过政府行动。事实是，只要出现市场失灵，都可以通过政府干预使得情况得到一定程度的改善。

一、解决外部性

外部性为什么会存在，就是由于其产权不明晰、无法建立市场以及忽视对未来的影响。而政府实施政策的基本原则就是使外部性内部化，让外部影响由生产者自行负担或承受。

（一）负外部性的解决措施

负外部性很常见，如污染问题。嘈杂的音响声是噪声污染，汽车排放的尾气和工业生产排放的废气是空气污染，随地乱扔废弃物造成环境污染。正如所看到的，污染同其他负外部性一样，造成无效率。下面就以解决空气污染为例，讨论政府处理负外部性的措施。

目前汽油仍然是汽车的主要动力，而由汽车排放的尾气也成了空气质量恶化、全球变暖的主要来源。图9-3描绘了这种无效率的状态。

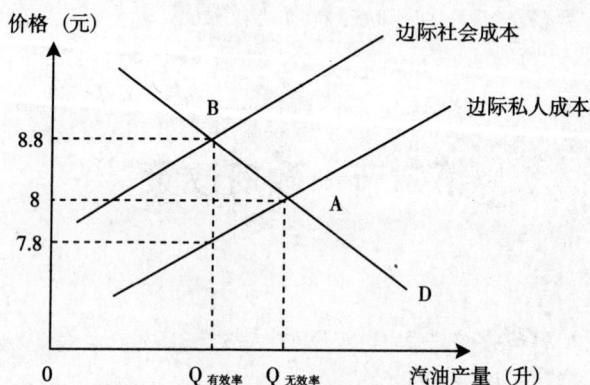

图9-3 负外部性

假设汽油市场是完全竞争市场，边际私人成本反映了某公司生产汽油的边际成本，它忽视了对普通大众的损害成本，如由于空气质量变差感染的呼吸道疾病等。需求曲线 D 反映的是对汽油的需要，可看成是汽油的边际私人收益。在政府没有进行任何干预措施的情况下，汽油市场在 A 点达到均衡，市场价格为 8 元/升，但是这并非有效率的产出水平。因为出售的汽油以污染的形式给社会造成了危害，A 点却并未体现出来。假设汽油造成的污染增加的成本是 1 元，那么，边际社会成本就等于边际私人成本加上 1 元。再假设边际社会收益与边际私人收益是相同的，都为市场需求曲线。这时，可由政府对每升汽油征收 1 元的税，来纠正负外部性。边际社会成本曲线移至边际私人成本曲线的上方，在新的均衡点 B 点上，汽油产出是有效率的。政府通过征税使得产量低于无效率的市场水平，避免了资源的浪费。

【拓展阅读】

墨西哥城 "让人生病的城市"

墨西哥城一度因其白雪覆盖的火山胜景而闻名于世，如今却连青山都属罕见。为什么会成这般景象呢？就是因为当地人口激增，从 1950 年的 300 万人到现今的 2000 万人。人口的增长自然催生了更多的工业生产和车辆。

由于墨西哥城位于海平面以上 7400 英尺，高海拔又削减了该城 1/4 的氧含量，更加深了问题的严重性。高污染、低氧气再加上热带的太阳使得空气变得不健康，这也就是为什么人们称之为 "让人生病的城市"。2007 年全球 215 个城市参加的环境质量排名中，墨西哥城排名 211。

问题的一部分在于墨西哥的低收入使得环境质量成为代价高昂的奢侈品。当地的最低工资每天仅 5 美元，吸引了很多的劳动密集型的重工业到此投资建厂，环境质量可想而知。但是，也有一些有希望的迹象。催化式排气净化器的引进——一种向无铅汽油的转化以及上涨的汽油价格带来一丝曙光。北美自由贸易协定也鼓励一些生产者移至更靠近美国边境的地方。随着工业生产逐渐移出墨西哥城，铅、二氧化碳、氧化硫等含量都在逐渐下降，有些污染物甚至减少了一半。

资料来源：威廉·迈克易切恩. 微观经济学 [M]. 北京：机械工业出版社，2011.

(二) 正外部性的解决措施

在正外部性的情况下，一种行为或服务的副产品使得第三方得到好处而不是遭受损害。市场也同样达不到经济上有效率的产出水平，产出变得太低了。因此，就需要某种力量来提高数量，降低价格。补贴看成是一种与具有正外部性产品相关的政策，由于生产不足，就需要鼓励生产，达到最优水平。下面以高等教育市场为例，讨论如何合理配置、充分利用高水平的劳动力资源。

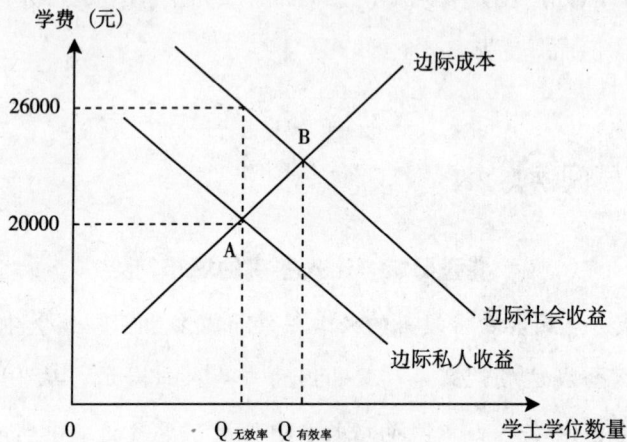

图 9-4　正外部性

在图 9-4 中，竞争性的高等教育市场均衡点是 A 点，边际私人收益曲线与边际成本曲线的交点，即最后一位学生愿意为获得学士学位支付的大学教育学费为 20000 元。但实际上，这一点是无效率的，因为教育为社会带来了正外部性，这部分为社会公众创造的额外收益并未体现其中。假设每增加一位大学生进入学校接受教育，为社会增加的收益为 6000 元，则边际社会收益曲线就是边际私人收益曲线加上 6000 元。所以，政府可以通过补贴高等教育，给每个学生 6000 元以补贴其大学教育，使边际社会收益曲线移至边际私人收益曲线之上。在新的均衡点 B 点，边际社会收益等于边际成本，学士学位数量增加，市场也变得更有效率。需要注意的是，政府并没有提供免费接受高等教育，因为学生可获得的部分私人收益是希望学生自己来付费的。

【拓展阅读】

政府对教育的正外部性的作用

教育增强了人力资本，不仅增加了个人利益，同时也促进了社会收益的增加，两者存在着正相关关系。反之，如果人力资本薄弱，那么，不仅个人所获得的利益少，同时他所能促进的社会利益也少。因此，提高人们受教育的程度不仅有利于产生更好的政府，也有利于一个民主社会的形成。

现在的国际竞争进入到白热化阶段，我国唯有科技创新才能提高竞争优势。而走科技创新的道路，关键在于发展教育。针对教育存在的正外部性，政府主要应从政策及财政投入上发挥更多作用。

2004年西部地区"两基"攻坚计划（基本普及九年义务教育、基本扫除青壮年文盲）实施以来，在国务院的统一领导下，经过地方各界的共同努力，如期实现了攻坚目标。

一是410个攻坚县中有368个县实现了"两基"目标，其他42个县达到"普六"标准，西部地区"两基"人口覆盖率达到98%。二是中央财政投入100亿元资金实施了"农村寄宿制学校建设工程"，新建、改扩建了7651所寄宿制学校，满足了195.3万名新增学生的就学需求和207.3万名新增寄宿生的寄宿需求，有效地解决了农村学生"进得来"的问题。三是从2006年起国家对西部地区农村义务教育学生全部免除学杂费，2007年秋季起全部免费提供国家课程教科书，近50%的寄宿生享受了家庭经济困难寄宿生生活补助，基本解决了农村学生"留得住"的问题。四是中央和地方财政投入110亿元资金实施了"农村中小学现代远程教育工程"，覆盖了36万所农村中小学，1亿多名中小学生共享优质教育资源。五是实施了农村义务教育阶段学校教师特设岗位计划、城镇教师支援农村教育计划和农村教师远程培训计划等，招聘特岗教师3.3万名，培训农村教师130余万名，西部地区农村教师整体素质逐步提高。

正是政府的作用，才能发挥教育的正外部性，并获得教育投资的长期收益。

资料来源：吴雅杰. 试论教育的正外部性及政府作用 [J]. 民族教育研究，2009（1）.

二、解决公共物品的供给

公共物品是具有非排他性和非竞争性的物品，它的供给问题一直是争论的焦点。若完全由市场提供，市场机制反映不出消费者对公共物品的需求状况，则资源配置缺乏效率，并且还会存在搭便车的行为。就像看烟花，不可能阻止别人看烟花的行为，同时，增加一个人看烟花并没有减少自己看烟花所得到的乐趣，这就是搭便车的典型例子。若公共物品全部由政府提供，就会加重政府的财政负担，易导致政府失灵的发生。下面就介绍解决公共物品供给的对策。

（一）推动公共物品的多元化供给

改革开放以来，我国市场经济体制改革为公共物品的供给奠定了基础，为充分利用"政府·企业·市场"三位一体的格局，可引入市场机制为公共物品提供供给，实现优势互补。

现实生活中，有些产品的非竞争性和非排他性是不完全的，单一的市场机制或政府机制都难以达到资源配置的最优水平。因此，可以在政府供给存在的前提下引入市场机制。市场机制的基本特征就是竞争，这就为打破官方在公共物品供给上的垄断局面，为形成公营机构之间、私营机构之间、公营机构与私营机构之间的竞争提供可能。同时，还能促使竞争者改进技术、降低成本以及优化资源的配置。[①]

---

① 郭伟. 我国公共物品供给的路径选择 [J]. 经济研究，2010（12）.

（二）健全公共物品供给的民主制度

公共物品的供给在很大程度上反映了消费者的偏好，但在实际操作中，公共机构的利益与社会利益并不总是一致的，公共机构基本上是根据自己的偏好来提供产品，这就有可能造成公共物品的供给与消费者的期望不适用，资源没有用在适当的地方的情况。让消费者根据自己的偏好来举手表决自己的偏好，希望生产什么、生产多少以及怎样生产，这样也能达到资源的最优配置。

（三）优化税收制度

公共物品的偏好与税收制度有直接的联系。征税的限制可以迫使人们以社会希望的速率来享用公共物品，而不是任意滥用。如对于海洋过度捕捞和捕捞未成熟幼鱼的问题，政府可以立法限制总捕获量、鱼的大小以及相关的税率等。

三、解决信息的不完全

买卖双方获得的信息不对称，给市场机制的运行带来了很多问题。现今房地产市场纠纷不断，很大原因就是一方掌握的信息不充分。卖房者知道自己的房屋有问题，而买房者却不知情，往往在成交之后发生合同纠纷。而要消除这种信息不对称带来的危害，可通过政府干预来进行。

政府可以充当一个信息提供者的角色，组织中介机构对商品质量作出公正评价，并向市场公开检查信息。这样，有两个对立且独立的机构存在，就能相互制衡，消除逆向选择造成的市场低效率。

若政府没有担当这样一个角色，那么生产者自己可以向市场传递信号或通过在消费者心中建立好的信誉来解决信息不完全的问题。如通过广告宣传，厂商向消费者宣传它们的产品时应做到诚实可信，若没有做到这一点，就可能遭到起诉。这样也避免了消费者因没有获得完全信息而发生的不合理的交易。

另外，政府可以通过完善法律、法规，如反不正当竞争法、消费者权益保护法、广告法、商标法、生产许可证制度等，维护规范的市场秩序，大力打击假冒伪劣商品，保障消费者的权益，并促进市场信息的正确合理的传递。

【案例 9-2】

逆向选择与社会保障改革

年金是保险公司向养老保险持有人每月或每年定期支付固定金额的承诺。与其他保险市场一样，年金市场也存在信息不对称现象。基于个人的健康状况和家庭病史，对自己寿命预期，年金的买主比保险公司知道的还多。因而，逆向选择问题就导致越来越多长寿的人而不是寿命短的人购买年金。

如在英国，65 岁的老人有 41% 的概率可以活到 82 岁，但已购买年金的 65 岁的老人有 56% 的概率可以活到 82 岁。保险公司就以提高年金收费的方法来补偿对那些长寿的人的年金支付。可是，收费的提高又让一些年金购买者望而却步，使得年金购买人数骤减，甚至少于信息对称情况下的人数。

年金市场上的逆向选择问题对于美国社会保障体制的改革有重要意义。美国的社会保障体制每个月向退休人员发放退休金，而这些钱来源于对工资征收的税费，其实质就是政府向退休人员提供年金。一些经济学家建议改变这种保障体制，让员工将工资税中的一部分投资于个人退休账户。若保险是强制购买的，还能缓解保险市场的逆向选择问题。因为无论健康状况好坏都要购买年金，而不仅是那些可能会长寿的人，这就能使保险公司以较低的价格来出售年金并仍可弥补其成本。

资料来源：克里斯托弗·托马斯，查理斯·莫瑞斯. 管理经济学 [M]. 北京：机械工业出版社，2010.

本章小结

当市场自身无法达到经济效率时，就产生了市场失灵，而政府也往往能介入并帮助市场。政府通过税收和补贴可以解决外部性，通过推动多元化供给来解决那些兼具非竞争性和非排他性物品的供给问题，政府通过担当信息供给者的角色来解决信息不对称。但实际上，关于政府角色的争议并没有消停过。大部分都是关于政府应在什么时候干预经济以及干预到什么程度合适。虽然争论不断，但广泛存在这样一个共识：政府政策干预是有必要的，但生产者和消费者的行为才是促进市场更有效率的最强大的力量。

参考文献

[1] 王宇. 经济学是拿来用的 [M]. 北京：中华工商联合出版社，2011.

[2] 李宝山等. 管理经济学 [M]. 北京：中国人民大学出版社，2008.

[3] 郁义鸿，高汝熹. 管理经济学 [M]. 广州：华南师范大学出版社，2004.

[4] 梁小民. 微观经济学纵横谈 [M]. 北京：生活·读书·新知三联书店，2000.

[5] 克里斯托弗·托马斯，查理斯·莫瑞斯. 管理经济学（第9版）[M]. 北京：机械工业出版社，2010.

[6] 池仁勇. 管理经济学 [M]. 北京：科学出版社，2005.

[7] 吴汉兴，董红霞. 管理经济学 [M]. 北京：清华大学出版社，2005.

[8] 干春晖. 管理经济学 [M]. 上海：立信会计出版社，2002.

[9] 张诗河. 排队的"经济学" [J]. 创新科技，2005（10）.

[10] 卢锋. 经济学原理（中文版）[M]. 北京：北京大学出版社，2002.

[11] 张一驰. 管理经济学 [M]. 北京：经济日报出版社，1997.

[12] 李仁君. 从"大跃进"到"杂交水稻之父" [J]. 海南日报，2003（6）.

[13] 格伦·哈伯德，安东尼·奥布莱恩. 经济学（微观部分）[M]. 北京：机械工业出版社，2005.

[14] 尹伯成. 现代西方经济学习题指南（微观部分）[M]. 上海：复旦大学出版社，2009.

[15] 罗伯特·霍尔，马克·利伯曼. 微观经济学原理与应用 [M]. 大连：东北

财经大学出版社，2004.

[16] 威廉·迈克易切恩. 微观经济学 [M]. 北京：机械工业出版社，2011.

[17] 张桂欣. 道路运输规模经济的发展现状与对策 [J]. 产业与科技论坛，2011（3）.

[18] 徐玖平，黄云歌. 管理经济学概论 [M]. 北京：高等教育出版社，2005.

[19] 陈章武. 管理经济学 [M]. 北京：清华大学出版社，2010.

[20] 杨晓东. 农村春联市场：完全竞争的缩影 [J]. 经济学消息报，2004（559）.

[21] 郭万超，辛向阳. 轻松学经济 [M]. 北京：对外经济贸易大学出版社，2005.

[22] 柯兰德. 微观经济学 [M]. 上海：上海人民出版社，2008.

[23] 张云峰. 微观经济学 [M]. 西安：西北工业大学出版社，2004.

[24] 张涛，吴艳，张德会，何鸿. 浅析我国钨矿开发利用过程中存在的问题与对策 [J]. 资源与产业，2009（5）.

[25] 王璇. 从可口可乐收购汇源遭拒的原因浅析中国反垄断法 [J]. 法制与社会，2009（11）.

[26] 叶德磊，孙斌艺. 管理经济学 [M]. 上海：格致出版社，上海人民出版社，2009.

[27] 宁牧达. 二十几岁必须要知道的经济学常识 [M]. 北京：石油工业出版社，2010.

[28] 周勤. 管理经济学 [M]. 北京：北京师范大学出版社，2008.

[29] 克雷格·彼得森，克里斯·刘易斯. 管理经济学 [M]. 吴德庆译. 北京：中国人民大学出版社，2003.

[30] 多米尼克·萨尔瓦多. 管理经济学（第6版）[M]. 冷德荣，王伟等译. 北京：清华大学出版社，2009.

[31] 罗文丽. 阿里巴巴：千亿物流梦[J]. 中国物流与采购，2011（4）.

[32] 李岚. 财务管理实务 [M]. 北京：清华大学出版社，2005.

[33] 郑健壮，王培才. 经济学基础 [M]. 北京：清华大学出版社，2004.

[34] 薛声家，左小德. 管理运筹学 [M]. 广州：暨南大学出版社，2007.

[35] 斯蒂芬·芒迪. 市场与市场失灵 [M]. 北京：机械工业出版社，2009.

[36] 吴雅杰. 试论教育的正外部性及政府作用[J].民族教育研究，2009（1）.

[37] 郭伟. 我国公共物品供给的路径选择 [J]. 经济研究，2010（12）.

后 记

2011年9月，中国社会科学院哲学社会科学创新工程正式启动，该工程将学术观点和理论创新、学科体系创新与管理创新、科研方法与手段创新作为创新的主要内容。创新工程的理念与我们的构思不谋而合，在团队成员的共同努力下，我们完成了《21世纪工商管理文库》的编写工作，本文库始终把实践和理论的结合作为编写的基本原则，寄希望能为中国企业的管理实践提供借鉴！

一、我们的团队

我们的团队是由近200名工商管理专业的硕士、博士（大部分已毕业，少数在读）组成的学习型团队。其中已毕业的硕士、博士绝大多数是企业的中高层管理者，他们深谙中国企业的发展现状，同时又具备丰富的实践经验，而在读硕士、博士则具有扎实的理论基础，他们的通力合作充分体现了实践与理论的紧密结合，作为他们的导师，我感到无比的自豪。根据构思及团队成员的学术专长、实践经验、工作性质、时间等情况，我们挑选出56名成员直接参与这套文库的编写，另外还邀请了62名（其中5名也是编写成员）在相关领域具有丰富理论和实践经验的人员针对不同的专题提出修改意见，整套文库的编写人员和提供修改意见的人员共有"113将"。我是这套文库的发起者、组织者、管理者和领导者，同时也参与整套文库的修改、定稿和部分章节的编写工作。

本套文库从构思到定稿历时8年，在这8年的时间里，我们的团队经常深入企业进行调研，探究企业发展面临的问题和困境，了解企业管理者的困惑和需要，进一步将理论应用于实践并指导实践。我们经历了很多艰辛、挫折，但不管多么困难，总有一种使命感和责任感在推动着我们，让我们勇往直前，直至这套文库问世。

本套文库在中国社会科学院工业经济研究所研究员、经济管理出版社社长张世贤教授的大力支持和帮助下被纳入中国社会科学院哲学社会科学创新工程项目，并得到该项目在本套文库出版上的资助，同时，张世贤教授还参与了本套文库部分书籍的审稿工作，并且提出了很多宝贵的意见。另外，经济管理出版社总编室何蒂副主任也参与和组织了本套文库的编辑、审稿工作，对部分书籍提供了一些有价值的修改意见，同时还对本套文库的规范、格式等进行了严格把关。

有56名团队成员参加了本套文库的编写工作，他们为本套文库的完成立下了汗马功劳。表I列出了这些人员的分工情况。

表I　团队成员分工

书名	编写成员
1. 战略管理	龚裕达（中国台湾）、胡中文、温伟文、王蓓蓓、杨峰、黄岸
2. 生产运作管理	李佳妮、胡中文、李汶娥、李康
3. 市场营销管理	胡琼洁、李汶娥、谢伟、李熙
4. 人力资源管理	赵欣、马庆英、李汶娥、谭笑、陈志杰、卢泽旋
5. 公司理财	赵欣、易强、胡子娟、向科武
6. 财务会计	陈洁、周玉强、高丽丽
7. 管理会计	高丽丽、胡中文、符必勇
8. 企业领导学	张伟明、黄昱琪（中国台湾）
9. 公司治理	黄剑锋、符斌、刘秋红
10. 创业与企业家精神	张伟明、严红、林冷梅
11. 企业后勤管理	赵欣、钱侃、林冷梅、肖斌
12. 时间管理	苏明展（中国台湾）、胡蓉
13. 企业危机管理	胡琼洁、林冷梅、钱侃
14. 企业创新	符斌、刘秋红
15. 企业信息管理	肖淑兰、胡蓉、陈明刚、于远航、郭琦
16. 企业文化管理	符斌、谢舜龙
17. 项目管理	于敬梅、周鑫、陈赟、胡亚庭
18. 技术开发与管理	胡中文、李佳妮、李汶娥、李康

续表

书名	编写成员
19. 设备管理	马庆英、于敬梅、周鑫、钱侃、庞博
20. 公共关系管理	谢舜龙、符斌、余中星、吴金土（中国台湾）、刘秋红
21. 组织行为学	马庆英、赵欣、李汶娥、刘博逸
22. 无形资产管理	张伟明、陈洁、白福歧
23. 税务筹划	肖淑兰、陈洁
24. 宏观经济学	赵欣、汤雅琴
25. 金融机构经营与管理	胡琼洁、汤雅琴、江金
26. 行政管理学	温伟文、张伟明、林冷梅
27. 商法	高丽、胡蓉
28. 管理科学思想与方法	陈鸽林、陈德全、郭晓、林献科、黄景鑫
29. 管理经济学	周玉强、汤雅琴
30. 企业管理发展的新趋势	龚裕达（中国台湾）、符斌
31. 企业管理的哲学与艺术	龚裕达（中国台湾）、黄昱琪（中国台湾）

有 62 名企业界的中高层管理人员、从事工商管理研究的学者以及政府公务员为我们的编写工作提供了建设性修改意见，他们的付出对提升本套文库的质量起到了重要的作用。表Ⅱ列出了这些人员对相应书籍的贡献。

表Ⅱ　提供修改意见的人员名单及贡献

姓名	书名	工作单位、职务或职称	
1. 张世贤	商法 宏观经济学	中国社会科学院工业经济研究所 经济管理出版社	研究员 社长
2. 何蒂	管理会计 时间管理	经济管理出版社总编室	副主任
3. 邱德厚（澳门）	管理经济学 企业危机管理	广东彩艳集团	董事长
4. 冯向前（加拿大）	税务筹划	国际税务咨询公司 中国注册执行税务师	总经理
5. 陈小钢	行政管理	广州市黄埔区	区委书记
6. 温伟文	宏观经济学	广东省江门市蓬江区政府 （原广东省江门市经信局局长）	区长
7. 曹晓峰	公共关系管理	广东交通实业投资有限公司	董事长
8. 梁春火	企业领导学	广东移动佛山分公司	总经理
9. 邓学军	市场营销管理	广东省邮政公司 （原广东省云浮市邮政局局长）	市场部经理
10. 冯礼勤（澳大利亚）	企业创新	迈克斯肯国际有限公司	董事长
11. 马兆平	人力资源管理	贵州高速公路开发总公司	副总经理

姓名	书名	工作单位、职务或职称	
12. 武玉琴	项目管理	广东恒健投资控股有限公司投资部 北京大学经济学院博士后	副部长
13. 方金水	金融机构经营与管理	交通银行深圳分行	副行长
14. 陈友标	时间管理	广东华业包装材料有限公司	董事长
15. 李思园 (中国香港)	公司理财	香港佳宇国际投资有限公司	总经理
16. 李志新	企业领导学	广州纺织工贸企业集团有限公司	董事长
17. 郑锡林	人力资源管理	珠海市华业投资集团有限公司	董事长
18. 李活	项目管理	茂名市金阳热带海珍养殖有限公司	董事长
19. 朱伟平	战略管理 人力资源管理	广州地铁广告有限公司	总经理
20. 沈亨将 (中国台湾)	战略管理	广州美亚股份有限公司	总经理
21. 罗文标	生产运作管理 人力资源管理	华南理工大学研究生院	研究员
22. 张家骍	企业危机管理	北京德克理克管理咨询有限公司	董事长
23. 廖洁明 (中国香港)	企业危机管理	香港警务及犯罪学会	主席
24. 陈国力	项目管理	广州洪珠投资有限公司	总经理
25. 黄正朗 (中国台湾)	财务会计 管理会计 无形资产 公司理财	台一国际控股有限公司	副总经理
26. 彭建军	创业与企业家精神	恒大地产集团	副总裁
27. 应中伟	时间管理	广东省教育出版社	社长
28. 黄昱琪 (中国台湾)	税务筹划	广东美亚股份有限公司	副总经理、财务总监
29. 黄剑锋	市场营销管理	中国电信股份有限公司广州分公司市场部	副总经理
30. 周剑	技术开发与管理 公司治理	清华大学能源研究所副教授	博士后
31. 杨文江	公司治理	广州御银股份有限公司	董事长
32. 陈洪海	公司理财	深圳联通龙岗分公司	副总经理
33. 沈乐平	商法	华南理工大学工商管理学院教授	博士生导师
34. 谢舜龙	行政管理	汕头大学商学院	MBA 中心副主任
35. 刘璇华	企业创新	广东工业大学科研处副处长	教授
36. 吴晓宝	创业与企业家精神	广州增健通信工程有限公司	董事长
37. 周枝田 (中国台湾)	企业后勤管理 生产运作管理	诚达集团	副总经理
38. 许陈生	宏观经济学 管理经济学	广州外语外贸大学经贸学院	教授
39. 何莽	设备管理 税务筹划	中山大学旅游管理学院	博士后
40. 苏明展 (中国台湾)	设备管理	广州德进机械设备安装有限公司	总经理
41. 李建喜	市场营销管理	广州新福鑫智能科技有限公司	副总经理

续表

姓名	书名	工作单位、职务或职称	
42. 李茂松	企业后勤管理	暨南大学华侨医院后勤产业集团	副总经理
43. 羊卫辉	宏观经济学 管理经济学	股票、期货私募操盘手、私人投资顾问	
44. 周文明	生产运作管理 技术开发与管理	广电运通金融电子股份有限公司	厂长
45. 王步林	商法	广州金鹏律师事务所	合伙人、律师
46. 刘军栋	企业信息管理	合生创展集团有限公司信息化办公室	经理
47. 张振江（中国台湾）	无形资产管理	南宝树脂东莞有限公司	总经理
48. 程仕军（美国）	公司理财 财务会计 管理会计 公司治理	美国马里兰大学商学院财务系	副教授
49. 黄奕锋	行政管理学	广东省国土资源厅	副厅长
50. 翁华银	战略管理 市场营销管理	广州行盛玻璃幕墙工程有限公司	董事长
51. 李希元	企业危机管理	广东省高速公路股份有限公司	总经理
52. 叶向阳	金融机构经营与管理	中国邮储银行广东省分行	财务总监
53. 杜道洪	公司理财	广州滔记实业发展集团有限公司	总经理
54. 李飈	组织行为学 人力资源管理	广州市社会科学研究院	研究员
55. 吴梓锋（澳大利亚）	市场营销管理 项目管理 战略管理	澳大利亚雄丰股份有限公司	董事长
56. 薛声家	管理科学思想与方法	暨南大学管理学院教授	博士生导师
57. 左小德	管理科学思想与方法	暨南大学管理学院教授	博士生导师
58. 周永务	管理科学思想与方法	华南理工大学工商管理学院教授	博士生导师
59. 贺臻	创业与企业家精神	深圳力合创业投资有限公司	总经理
60. 方向东	项目管理	新八建设集团有限公司南方公司	总经理
61. 梁岳明	公司理财	广东省教育服务公司	总经理
62. 邓俊浩	企业文化管理	广州精心广告有限公司	总经理

注：3~47 为团队成员，1~2 和 48~62 为外请成员。

二、致谢

在本套文库的编写过程中，我们参阅了大量古今中外的文献并借鉴了一些专家、学者的研究成果，尤其是自管理学诞生以来的研究成果。对此，本套文库尽最大可能在行文当中予以注明，并在书后参考文献中列出，但仍难免会有疏漏，在此向所有已参考过的文献作者（国内的和国外的，已列出的和未列出的）表示衷心的感谢！

另外，还要特别感谢参加本套文库的编写人员和提出修改意见的人员，是你们这"113将"的勤奋和智慧才使该文库的构思得以实现。随着这套文库的问世，中国企业会永远记住你们，感激你们！

经济管理出版社是我国经济管理类的中央级出版社，它以严谨的学术、广泛的应用性以及规范的出版而著称。在此，我们非常感谢经济管理出版社的领导和所有工作人员对本套文库的出版所做的工作和提供的支持！

我还要感谢暨南大学这所百年华侨学府，"始有暨南，便有商科"。巧合的是，管理学和暨南大学几乎同时诞生，在此，就让《21世纪工商管理文库》作为管理学和暨南大学的百年生日礼物吧！

我们真诚地希望并欢迎工商管理界的学者和企业家们对本套文库提出宝贵意见，以使该套文库能更好地为中国企业服务，从而全面提升中国企业的管理水平！

夏洪胜

2013 年 12 月